Sonnenuntergang im Oslofjord

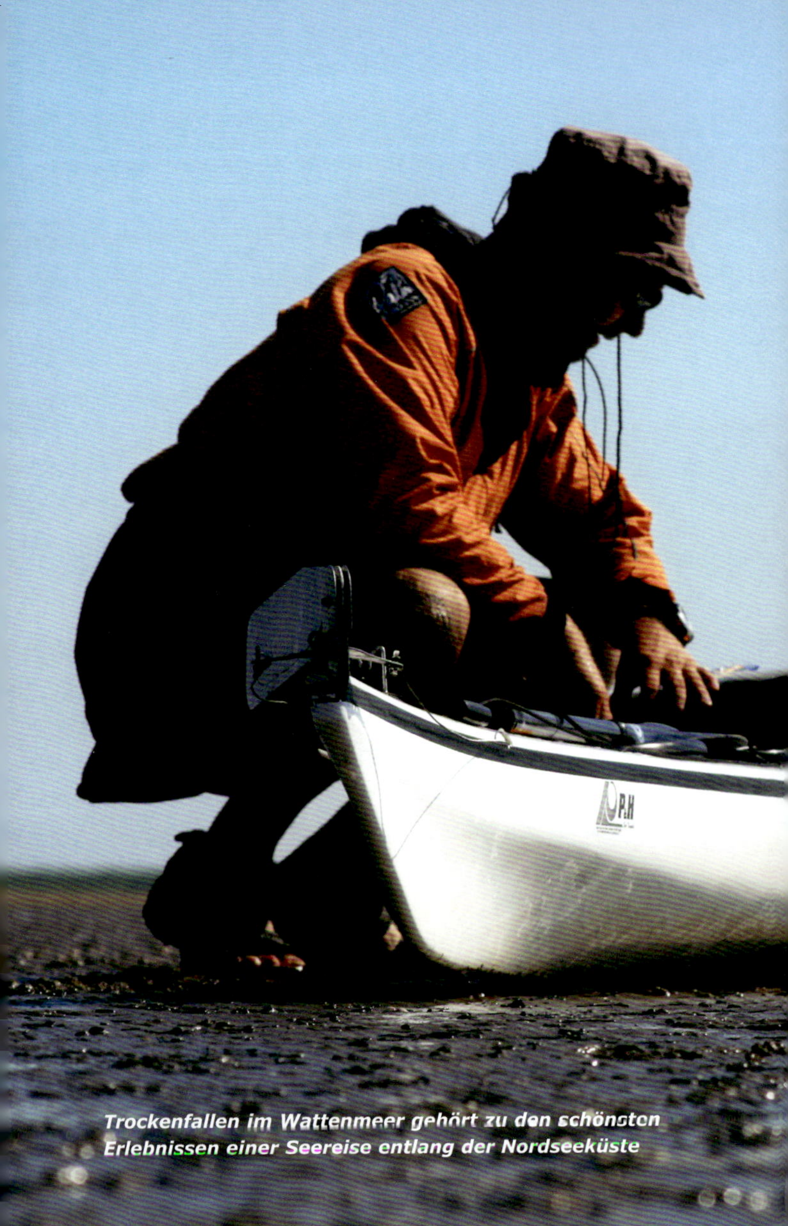

Trockenfallen im Wattenmeer gehört zu den schönsten Erlebnissen einer Seereise entlang der Nordseeküste

Band 65

OutdoorHandbuch

Björn Nehrhoff von Holderberg

Seekajak

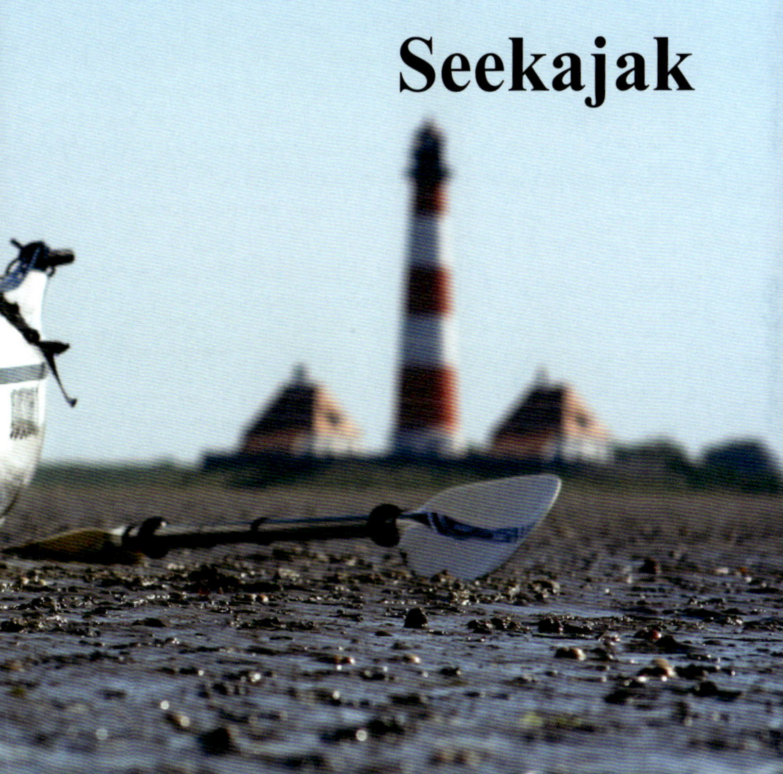

Seekajak

Alle Informationen, schriftlich und zeichnerisch, wurden nach bestem Wissen zusammengestellt und überprüft. Sie waren korrekt zum Zeitpunkt der Recherche. Eine Garantie für den Inhalt, z. B. die immerwährende Richtigkeit von Preisen, Adressen, Telefon- und Faxnummern sowie Internetadressen, Zeit- und sonstigen Angaben, kann naturgemäß von Verlag und Autor - auch im Sinne der Produkthaftung - nicht übernommen werden.

Der Autor und der Verlag sind für Lesertipps und Verbesserungen (besonders per E-Mail) unter Angabe der Auflagen- und Seitennummer dankbar.

Dieses OutdoorHandbuch hat 94 Seiten mit 54 farbigen Illustrationen. Es wurde auf chlorfrei gebleichtem, FSC®-zertifiziertem Papier gedruckt, in Deutschland klimaneutral hergestellt und transportiert und wegen der größeren Strapazierfähigkeit mit PUR-Kleber gebunden

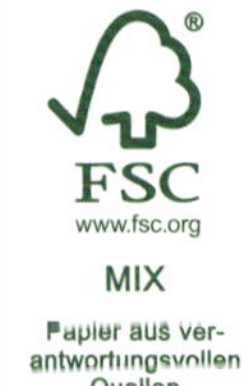

ClimatePartner°
klimaneutral

Kompensation | ID 10951-1806-1004

Dieses Buch ist im Buchhandel und in Outdoor-Läden erhältlich und kann im Internet oder direkt beim Verlag bestellt werden.

OutdoorHandbuch aus der Reihe „Basiswissen für draußen", Band 65

ISBN 978-3-86686-592-1 4., überarbeitete Auflage 2018

Text: Björn Nehrhoff von Holderberg
Fotos: Björn Nehrhoff von Holderberg
Lektorat: Kerstin Becker
Layout: Anna-Lena Ebner

Gesamtherstellung: gutenberg beuys feindruckerei

Dieses OutdoorHandbuch wurde konzipiert und redaktionell erstellt vom:

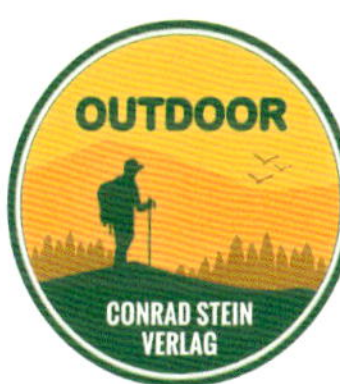

Conrad Stein Verlag GmbH, Kiefernstr. 6, 59514 Welver,
☏ 023 84/96 39 12, FAX 023 84/96 39 13
info@conrad-stein-verlag.de,
www.conrad-stein-verlag.de

Besuchen Sie uns bei Facebook & Instagram:

www.facebook.com/outdoorverlag

www.instagram.com/outdoorverlag

Titelfoto: Das Meer so hautnah erleben geht nur mit dem Seekajak!

Inhalt

Einleitung

Das Seekajak ist ein Gefährt mit einer **sehr langen Geschichte** – es existiert wohl seit mehr als 2.000 Jahren. Seine Historie ist eng mit der Geschichte der **Inuit** (Eskimos) verbunden, denn das Kajak ist ihr traditionelles **Jagdfahrzeug** – nicht verwunderlich also, dass auch das Wort Kajak aus der Sprache der Inuit stammt. Ihre Boote sind und waren leicht, leise und seetauglich, Eigenschaften, die für die Jagd unentbehrlich waren/sind und auch noch heute die Besonderheit dieser Boote ausmachen.

Es haben sich im Laufe der Zeit zahlreiche verschiedene Typen von Seekajaks herausgebildet. Sie wurden den Jagderfordernissen entsprechend entwickelt. Die Inuit besaßen ein großes handwerkliches Geschick in der Herstellung dieser Boote. Im Zusammenhang mit den Jagdfahrten entstanden auch die **Paddel- und Sicherheitstechniken**, die es noch heute gibt, jedoch etwas den modernen Möglichkeiten angepasst.

Seekajaks wurden auch von Kindern und Jugendlichen gefahren. Die Boote waren für den Einzelnen **maßgeschneidert**. Mit diesen Fahrzeugen gingen die Inuit auf die nicht ungefährliche Jagd nach Seeottern, Robben und Seehunden.

Leider sind viele Erkenntnisse über Seekajaks im Laufe der Zeit verloren gegangen, das **Abenteuer** und die **Herausforderung** des Seekajakfahrens jedoch sind geblieben. Sie bilden noch heute den Anreiz, der die Leute für das Seekajakfahren begeistert. Seekajakfahren bedeutet Abenteuer und ist als solches eine Herausforderung mit einer langen Geschichte.

Das Seekajak

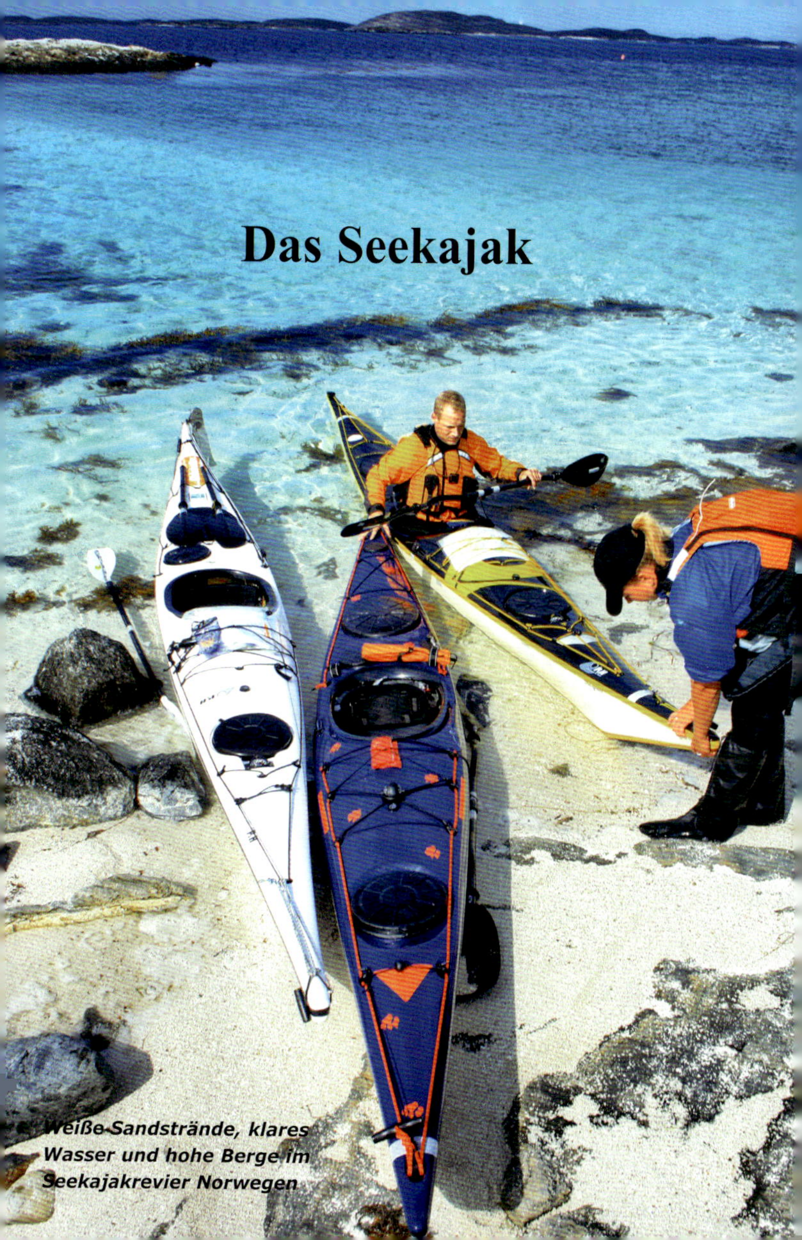

Weiße Sandstrände, klares Wasser und hohe Berge im Seekajakrevier Norwegen

Das Seekajak ist vom traditionellen Jagdboot der Inuit zu einem weltweit verbreiteten Freizeitgefährt geworden und meist zwischen 50 und 60 cm breit. Die Boote der Inuit wurden der Körpergröße der Fahrer angepasst und maßgeschneidert. Diese Tatsache zeigt, wie wichtig das passende Boot für einen Paddler ist. Heutzutage ist eine Maßanfertigung allerdings vom normalen Kunden nicht zu bezahlen. Zum Glück gibt es mittlerweile unzählige gute Seekajaks auf dem Markt, sodass der Paddler sich für seine Größe und Gewicht ein passendes Model heraussuchen kann. Dabei sind die Boote so konstruiert, **dass sie es dem erfahrenen Paddler ermöglichen, sicher auf dem Meer unterwegs zu sein.**

Die heutigen Seekajakformen variieren zwischen Expeditionskajaks für lange Reisen und Booten, die für das Spielen in Wellen und Steingärten designt worden sind. Darüber hinaus gibt es auf Schnelligkeit optimierte Boote. Die meisten Bootsformen liegen irgendwo dazwischen. Alle Seekajakformen sind verglichen mit normalen Wanderkajaks lang, schmal und haben in der Regel einen guten Geradeauslauf. Hochgezogene Enden machen die Boote seetüchtig. Mindestens zwei wasserdichte Wände (Schotten) in Bug und Heck sorgen für theoretische „Unsinkbarkeit" und schaffen Platz, um Gepäck zu lagern. Bei einer Kenterung kann das Wasser nur in die Sitzwanne (Cockpit) laufen und das Boot bleibt manövrierfähig. Das spielt in Anbetracht der großen Wasserflächen, die befahren werden, eine entscheidende Rolle. Man kann auf dem offenen Meer nicht mal eben so an Land schwimmen und das Boot ausleeren. Vorrausschauende Paddler haben eingebaute Fußpumpen im Boot.

Heute werden Einerseekajaks in der Regel mit drei Schotten angeboten, sodass eine während der Fahrt zugängliche Tagesluke hinter dem Sitz vorhanden ist.

Ein Einerseekajak ist in der Regel zwischen 5 und 5,60 m lang. Ausreißer in beide Richtungen kommen vor. Die dem Seekajak eigenen Eigenschaften machen es auch auf Binnenseen und großen Flüssen zu beliebten und verbreiteten Freizeitgefährten. Lediglich auf kleinen Flüssen taugen sie nicht.

Ein Zweierkajak sollte mindestens über drei Schotten verfügen, denn das Cockpit sollte zwischen den beiden Fahrern nochmals getrennt sein. Spitzenbeutel können die Aufgaben der abgeschotteten Sektionen als Auftrieb nur sehr begrenzt wahrnehmen. Sie können durch Löcher und Risse schnell undicht werden und so ihre Funktionsfähigkeit verlieren. Sie stellen somit keine wirkliche ständige Alternative zu den Abschottungen dar. Allerdings können Spitzenbeutel im geschotteten Kajak bei Fahrten ohne Gepäck die Sicherheit zusätzlich erhöhen, sollte das Kajak einmal leckschlagen oder durch ein Missgeschick der Lukendeckel verschwinden.

Auch mit Faltbooten kann man auf dem Meer unterwegs sein. Sogenannte **Kentersocken** werden bei Faltbooten eingesetzt, um sie sicherer zu machen. Die Kentersocke ist ein großer, wasserdichter Sack, der sich mit seinem oberen Ende um den Süllrand des Bootes schmiegt und den Fußraum des Bootes ausfüllt. Er schafft eine Art Ersatzcockpit. Bei einer Kenterung läuft das Wasser nur in den Sack, der durch Umstülpen ausgeleert werden kann.

Wahl des Bootes

Über kaum ein Thema kann man sich so lange und trefflich streiten, ohne dass man sich wirklich einig wird, wie über das richtige Boot. Es fängt bei der Optik an, geht über die Decks- und Rumpfform zum Volumen und hört bei der vorhandenen bzw. nicht vorhandenen Steueranlage noch lange nicht auf.

Es soll hier versucht werden, verschiedene Prinzipien oder auch Strategien der Bootskonstruktion vorzustellen und deren Vor- und Nachteile aufzuzeigen. Es lässt sich dabei nicht verhindern, ab und zu auch etwas zu „fachsimpeln“. Trotzdem sollen hier keine unumstößlichen Regeln oder Weisheiten festgelegt werden.

Die Wahl des Bootes hängt nämlich bei allen objektiven Fakten auch sehr stark vom **eigenen subjektiven Gefühl** ab. Es gibt daher nicht „das eine Boot“, und das wird es auch nie geben. Jedes Boot ist eigentlich nicht mehr als ein **Kompromiss** aus zahlreichen Wünschen und Vorstellungen.

Ein Versuch, die „Eier legende Wollmilchsau“ zu finden, wird scheitern. Es gibt kein Boot, das alles kann. Es gibt nur das Boot, das den eigenen Ansprüchen am nächsten kommt.

Bei der Wahl des Bootes spielt das Volumen eine wichtige Rolle. Je schwerer die Person ist, desto größer sollte auch das Volumen des Bootes sein.

Ich kann nur jedem empfehlen, vor dem Kauf viele Boote **auszuprobieren** und **Probe zu fahren**. Nur wenn man sich mit dem Boot wirklich wohlfühlt, wird die Fahrt zu einem Genuss. Daher sollte hier die Meinung, nicht aber die Erfahrung anderer in den Hintergrund treten. Die Entscheidung sollte man wirklich selbst treffen, denn schließlich muss man sich später in dem Boot auch wohlfühlen. Viele Hersteller bieten mittlerweile auch Seekajaks mit verstellbaren Schenkelstützen an.

Ausstattung

Es ist bereits deutlich geworden, dass die **Sicherheit** beim Seekajak eine entscheidende Rolle spielt.

Es wird daher in der Regel mit vielen Sicherheitseinrichtungen ausgestattet. Dazu gehören die bereits erwähnten Schottwände. Weiterhin wird das Boot mit rundumlaufenden Deckleinen ausgestattet. Diese Leinen ermöglichen es dem Paddler, sein Boot auch schwimmend im Wasser hin und her zu bewegen und sich bei Rettungen mit Hilfe der Leinen eines Retterbootes wieder ins Boot zu ziehen. Lediglich im Cockpitbereich sind keine Deckleinen notwendig, da hier der Süllrand dem gleichen Zweck dienen kann. Eine ähnliche Aufgabe erfüllen die an den Bootsenden angebrachten Haltegriffe, die auch Toggel genannt werden. Da sie an Bändern in jede Richtung frei drehbar sind, dienen sie neben dem reinen Bootstransport dazu, sich im Wasser schwimmend am Boot festhalten zu können. Würde man dies z. B. in der Brandung an den Deckleinen versuchen, so würde das schneller zu verdrehten Gelenken und gebrochenen Knochen führen als einem lieb sein kann.

Quer über das Deck verspannte Gummis ermöglichen es Ihnen, Ersatzpaddel und eventuell Ausrüstungsgegenstände am Boot zu befestigen.

Auch die Farbe des Kajaks ist ein wichtiges Sicherheitsmerkmal. Helle Farben machen gerade die im Gegensatz zu anderen Verkehrsteilnehmern des Meeres kleinen Rümpfe der Seekajaks auffälliger. Orange oder Gelb sind im Notfall oder im Schiffsverkehr einfacher auszumachen. Nachts hebt sich Rot nicht von der Umgebung ab. Weiß verschwindet bei schäumenden Wellen im Gesamtbild. Aufgeklebte Reflektorstreifen sind vor allem bei Nacht hilfreich.

Außer den bereits erwähnten bautechnischen Möglichkeiten sind damit die sicherheitstechnischen Möglichkeiten direkt am Boot ausgeschöpft. Weitere Maßnahmen dienen dazu, das Kajak auf den Paddler **passend zu machen**: Das Boot wird individuell „getunt“, indem man den Sitz, die Fuß- und die Schenkelstellung optimiert. Dies geschieht durch das Einkleben von Schaumstoffen, durch die Montage zusätzlicher Schenkelstützen und durch die Anpassung der Rückenlehne.

Das Packen

Beim Packen des Bootes sollten alle schweren Sachen so nah wie möglich an der Bootsmitte und am Bootsboden verstaut werden (z. B. Wassersack, Essen, Kocher). Da öfter auch mal kleine Mengen Wasser durch „wasserdichte Lukendeckel“ ins Boot gelangen können, sollten Sie immer alle Ausrüstungsgegenstände wasserdicht verpacken. Dabei eignen sich viele kleine Rollbeutel besser als wenige große. Kegelförmig zugeschnittene Spitzenrollsäcke eigenen sich besonders für das Stauen in den Enden der Boote.

Beim Packen sollte unbedingt auch auf einen ausgewogenen Trimm in Längs- und Querrichtung geachtet werden. Bei manchen Booten lohnt sich das Trimmen auf Front- oder Hecklast für bestimmte Kurse (längere Strecken in der gleichen Richtung).

Ausrüstungsgegenstände, die im Cockpit liegen, müssen fest verzurrt sein, sonst können sie im Falle einer Kenterung im Cockpit herumschwimmen und hinderlich werden.

Beim Verstauen von Gegenständen auf dem Oberdeck (Decksbelegung) sind zwei Maxime zu beachten, die Sie in eine gewisse Zwickmühle bringen.

▷ Es sollte möglichst keine Decklast gefahren werden, da alles an Deck die Fahreigenschaften bei rauer See stark negativ beeinflussen kann.
▷ Alles was auf See gebraucht wird, muss griffbereit an Deck oder in der Schwimmweste verstaut werden, denn im Boot ist es nutzlos.

Daher sollte hier ein Kompromiss gefunden werden, bei dem sich die Decklast auf das Notwendige beschränkt. Notwendig sind: Seekarten, Seenotsignalmittel, Trinkflasche, Essenspaket, Paddelleine, Ersatzpaddel, Navigationswerkzeug. Die Taschen der Schwimmweste eignen sich vorzüglich für kleine handliche Gegenstände. Viele Kajaks haben mittlerweile ein kleines „Handschuhfach" direkt vor dem Cockpit, in dem einige der wichtigen Utensilien Platz haben.

Die Tagesluke direkt hinter dem Kajaker, das bei älteren Modellen eventuell vorhandene sich unter Deck befindliche Knierohr und der Platz hinter dem Sitz sind unter rauen Seebedingungen nur sehr bedingt zugänglich. Hierher gehören vornehmlich Sachen wie Kamera, Pausenpaket, Schwamm, ein Reparaturset oder Angelzeug.

Die Bootsform

Das **Unterwasserschiff** eines Kajaks hat den größten Anteil an den Fahreigenschaften des Bootes. Es wird vor allem durch **Länge**, **Breite** und **Form** charakterisiert. Bei der Form wird weiter unterschieden in den **Spant**, die Rumpfform des Querschnitts Kajak und den **Kielsprung**, die Linie des Kielverlaufs entlang des Kajaks.

Der Spant

Die Form der Spanten beeinflusst Stabilität und Geradeauslauf. Es gibt 4 verschiedene Spantformen: V-Spant, Rundspant, U-Spant und Knickspant (*von links nach rechts*).

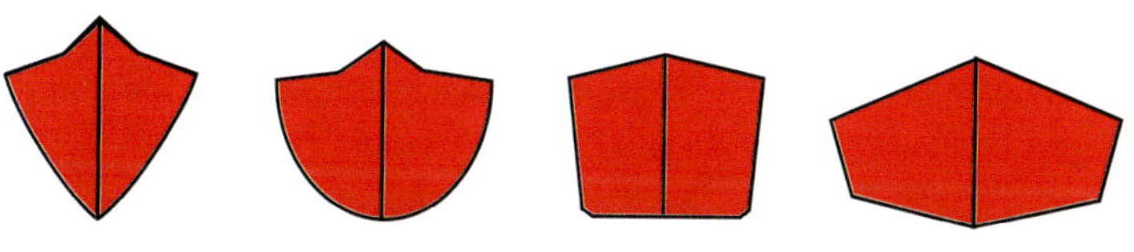

Doch was sagen uns die Formen? Ein V-Spant z. B. würde wegen der guten Führung im Wasser für einen guten Geradeauslauf sorgen.

Der extreme U-Spant in Form eines Brettes hätte z. B. eine sehr hohe Anfangsstabilität und wäre nicht kippelig.

Ein Baumstamm, der dem Rundspant entspricht, hätte dagegen quasi keine Anfangsstabilität und wäre sehr kippelig. Bei Rennbooten aus dem Kajaksport wird ein ausgeprägte runde Unterwasserform in Kauf genommen, um eine möglichst gering benetzte Fläche im Wasser zu haben und den Bootswiderstand im Wasser zu minimieren.

Ein Boot mit extremen U-Spant würde seitlich zu einer Welle gestellt, schnell an einen Punkt kommen, wo es kippt. Ein Rundspant hingegen kann durch Ankanten viel leichter seitlich in der Welle gehalten werden.

Der Knickspant entstand wohl aus der Tatsache, dass die Baumaterialien (Leisten und Fell) einfach keine runderen Formen zuließen. Der Knick ist aber durchaus weiterhin bei vielen Booten gewollter Designbestandteil, da die Kante für Führungseigenschaften im Wasser sorgt.

Die heutigen Seekajaks sind allesamt Mischformen aus den verschiedenen Spantentypen, wobei die Boote an den Enden eher in Richtung V, im Zwischenschiff in Richtung Rundspant, und im Mittelschiff (Sitzzone) in Richtung U-Spant gebaut sind. So sollen die Vorteile der drei Spantformen verbunden werden.

Kleine Nuancen in Breite und Form haben große Auswirkungen.

Deshalb kann man einem Boot von außen nur ungefähr ansehen, wie weit es in Richtung Leistung oder Agilität gebaut wurde. Erst der Test auf dem Wasser schafft Gewissheit.

Der Kielsprung

Als Kielsprung bezeichnet man die Abweichung der Kiellinie von einer gedachten geraden Linie.

Je mehr das Boot am Bootsboden einer Bananenform gleicht, desto mehr Kielsprung weist es auf.

- ▷ Viel Kielsprung verschlechtert die Geradeauslaufeigenschaften, verbessert aber die Dreheigenschaften.
- ▷ Wenig Kielsprung verbessert die Geradeauslaufeigenschaften, verschlechtert aber die Dreheigenschaften.

Da bei einem Seekajak der Geradeauslauf ein entscheidendes Merkmal ist, sind Boote mit geringem Kielsprung im Seekajakbereich sehr häufig anzutreffen.

In jüngster Zeit erleben gerade die schnellen Seekajaks wieder einen Boom. Sie ähneln nun in der Form den schnellen Surfskis mit ihren schlaken Formen, wenig Kielsprung und viel Volumen im Bug.

Der Kielsprung zweier Seekajaks und eines Wildwasserkajaks

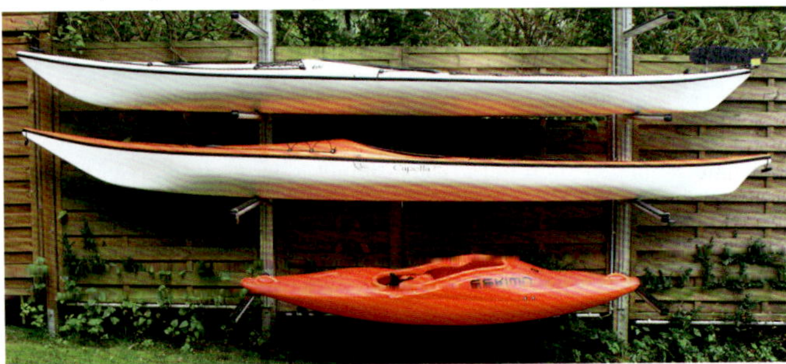

Gefahren werden sie meist mit Steueranlagen. Wer dagegen technisches, spielerisches Seekajakfahren (Brandungspaddeln, Rockhopping) im Sinn hat, sucht nach Bootsformen mit deutlich mehr Kielsprung.

Skeg Seekajaks werden über das Ankanten gesteuert. Dabei verändert der Paddler im Endeffekt die Form des Unterwasserschiffs. Die dadurch entstehenden unterschiedlichen Druckverhältnisse zu beiden Seiten des Bootes wirken auf den Kurs ein. Das Kajak dreht zur Seite, an der Unterdruck herrscht, ähnlich der Funktion bei einem Flugzeugflügel. So muss das Boot nicht allein mit Paddelschlägen gedreht werden.

Zur Breite des Bootes

Die **Bootsbreite** hat indirekt Einfluss auf die Anfangsstabilität. Mit **zunehmender Breite** wird der Spant flacher, ähnlich einem Brett, was die **Anfangsstabilität** erhöht.

Eine große Breite macht es aber für den Fahrer schwerer, das Boot anzukanten, da das Kajak von sich aus stets „bemüht ist", plan auf der Wasseroberfläche zu liegen.

Dadurch ist ein breites Boot bei steilen Wellen eher **kentergefährdet**, da es ja dann auch in der Welle weiter bestrebt, plan auf der Wasseroberfläche zu schwimmen, die Wellenfront sich aber mitunter so gar nicht parallel zur Erdoberfläche befindet. Der Paddler muss in einem breiten Kajak mit mehr Aufwand seitlich gegen die Wellen dagegen anarbeiten.

Breite Boote vermitteln durch ihre hohe Anfangsstabilität beim Anfänger ein **subjektiv sichereres Gefühl.**

Dieses Gefühl kann sich bei steiler See schnell ändern, wo sich schmale Boote mit Rundspant am besten bewähren – vorausgesetzt, man ist mit ihnen vertraut.

Breite Boote sind also für Anfänger bei **geringer oder gar keiner See** geeignet, kommen aber bei steilen Wellen schneller an ihre Grenzen.

Hier haben **schmale Boote** ihre Stärke. Sie verlangen dem Fahrer aber auch ein **größeres Können** ab und verzeihen weniger Fahrfehler.

Material

Für den Seekajakbau werden verschiedene Materialien verwendet. Es wird allgemein zwischen **Feststoffbooten** und in **Nicht-Feststoffbooten** unterschieden. Zu den Nicht-Feststoffbooten zählen die frühesten Kajaks aus Seehundfellen mit Knochen- oder Holzgerüst.

Heutzutage sind vor allem Faltboote ähnlich konstruiert. Das Gerüst eines Faltbootes besteht aus Holz, Aluminium und Verbundwerkstoffen oder einer Mischung aus den genannten Materialien. Für die Haut des Bootes wird PVC, Hypalon oder gummierte Baumwolle eingesetzt. Für handwerklich begabte Paddler lohnt es sich aber, auch mal den Nachbau eines Grönlandkajaks mit den neuen Materialien ins Auge zu fassen. Spezielle Kurse werden in der Grönlandkajakgemeinde angeboten (z. B. 💻 www.groenlaender.de, www.gruenland-qayaq.de, schöner Link in Englisch über Paddeln in Grönland generell: http://qajaqrolls.com/).

Der große Vorteil von Faltbooten liegt natürlich in ihrer Eignung für Reisen aller Art. Für Bootsbesitzer, die keinen Platz für ein Feststoffboot haben, sind sie oft die einzige Möglichkeit, ihrem Hobby zu frönen.

Nachteilig sind ihr empfindlicher Rumpf, die geringe Auswahl an seekajakgerechten Formen und der oft sehr hohe Preis.

Ein Problem aller Faltboote sind fehlende Abschottungen. Faltboote sollten daher unbedingt mit der bereits erwähnten Kentersocke (☞ Seite 11), seetüchtig gemacht werden.

So ausgerüstet können die später erwähnten Rettungstechniken (☞ Seite 67) fast wie bei geschotteten Booten durchgeführt werden, benötigen aber noch mehr Übung.

Fehlen diese zusätzlichen Ausrüstungsteile, läuft ein Faltboot leicht im gesamten Rumpf voll Wasser und ist auch mit Partnerhilfe kaum wieder flott zu kriegen.

Feststoffboote

Bei den Feststoffbooten sind glasfaserverstärkter Kunststoff (GFK) und Polyethylen (PE) die am häufigsten verwendeten Materialien. Das Holzkajak fand bisher kaum Verbreitung. Der große Pflegeaufwand und die hohen Fertigungskosten sprechen dagegen, auch wenn ein Holzkajak optisch sehr ansprechend wirkt.

GFK ist ein Kunststoff, mit dem sich fast jede Bootsform verwirklichen lässt. Wenn man die Glasfasermatten durch Kevlar oder Karbon ersetzt bzw. ergänzt, lassen sich zudem erhebliche Gewichtsersparnisse erzielen. Aber nicht nur die **Formenvielfalt** und das **geringe Gewicht** sprechen für GFK-Kajaks. Durch die einfache Verarbeitung lässt sich das Boot sehr gut nach **Maß schneidern**, d. h. die Schotten können entsprechend der Körperlänge des Fahrers einlaminiert werden. Reparaturen lassen sich leicht selbst ausführen.

GFK-Kajaks sind sehr stabil aber nur mäßig schlagfest. Je weiter das Boot durch Kohlenstoffe, Kevlar und sparsame Harzverwendung in Richtung Leichtbau gefertigt wurde, desto empfindlicher wird es.

Der andere verwendete Kunststoff ist **PE**, ein **preisgünstiges** Material. Auch die Formenvielfalt für PE-Boote wurde in den letzten Jahren immer besser. Seekajaks wie der Capella von P&H, der Necky Cahtham oder der Nordkap beweisen, dass Polyethylenformen den GFK-Booten mittlerweile fast ebenbürtig sind.

PE ist im Vergleich zu GFK **schlagstabiler**. Harte Schläge, wie z. B. beim Anlanden ans Ufer oder beim Fahren gegen Steine, können die Außenhaut von GFK-Booten beschädigen, während es bei PE bei einem Kratzer bleibt, der keinerlei Auswirkungen aufs Material hat. Bei GFK dagegen saugen sich die Glasfasermatten bei einer Schädigung der Außenhaut mit Wasser voll.

Wegen der geringeren Steifigkeit von PE sollte man bei der Lagerung auf eine plane Auflagefläche achten, damit sich das Boot nicht verformt. Eine zufriedenstellende Reparatur von PE in Belastungszonen ist nicht möglich.

Alle bekannten Seekajakhersteller bieten gute Boote in verschiedenen Volumenklassen an. Zur groben Orientierung hier ein paar Preisbeispiele in Euro aus 2018 ohne Anspruch auf Vollständigkeit:

Seekajaks aus GFK

- Tahe Zegul Play MV (ab ca. € 2.499 mit Skeg)
- P&H Cetus MV (€ 2.890 mit Skeg)
- Explorer LV SKUK (€ 2.999)
- CS Canoes My Sun (mit Sekg ab € 2.795)
- Lettmann Biskaya Expedition (mit Steuerskeg ab € 2.729)

Seekajaks aus PE

- Arrow Nuka GT LV PE (ca. 1.595 mit Skeg)
- Vally Etain Valley Etain 17.5 RM (ca. 1.819 mit Skeg)
- Skegyak Prion (ca. € 1.890 mit Skeg)
- P&H Scorpio MKII – MV (ca. € 2.049 mit Skeg)
- Necky Eliza PE (ca. € 2.099 mit Steuer)

PE und GFK sind zwei Materialien, die sich im Für und Wider **fast die Waage** halten. Das **Preis-Leistungsverhältnis** spricht mittlerweile für **PE, Gewicht und Rumpfendgeschwindigkeit** für **GFK**. Aus ökologischen Gesichtspunkten ist natürlich PE der bedeutend bessere Werkstoff, da er recyclebar ist.

Steuereinrichtungen

Um den Geradeauslauf eines Bootes zu gewährleisten, haben Seekajaks in der Regel mehr oder weniger ausgeprägte Führungsflächen im Bug- und Heckbereich. Da Seekajaks so gebaut werden, dass sie leicht in den Wind drehen (luvgierig), muss diese Tendenz bei Seitenwind immer durch Ankanten und oder verschiedene Schlagarten ausgeglichen werden. Dies kann auf die Dauer kraftraubend sein. Daher werden heutige Seekajaks in der Regel mit einem Skeg (im Unterdeck versenkbare Finne) oder einer Steuereinrichtung angeboten.

Das **Skeg** wirkt auf die von den Bootsdesignern voreingestellte Luvgierigkeit (das Boot zieht mit dem Bug in den Wind) des Kajaks und sorgt so für ein windneutrales Paddeln. Das Skeg wird in der Regel bei Seitenwind über einen Schieber in Cockpithöhe halb und bei Rückenwind ganz heruntergelassen. Bei Gegenwind kann es dagegen im Kasten bleiben. Die Vorteile eines Bootes mit Skeg sind: Eine einfache Bedienung, effektive Position am Bootsboden, relativ störungsunanfällige Konstruktion, die Füße können auf den fest installierten Fußstützen bleiben. Nachteilig ist beim Skeg, dass es sich beim Starten und Anlanden auf Sandstränden gern verklemmt. Statten Sie Ihr Skegblatt daher unbedingt mit einem dünnen Bändsel aus. So kann Ihr Mitpaddler das Skeg herausziehen, ohne dass Sie erneut anlanden müssen.

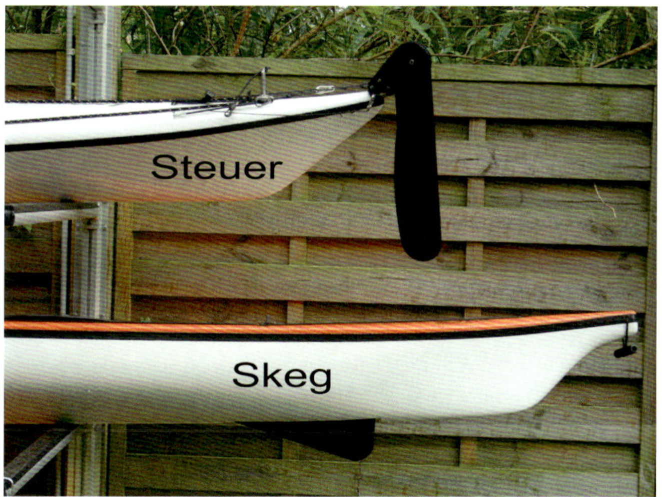

Steuer (oben) und Skeg (unten) im Vergleich

Das **Steuer** wird entweder als Aufsetzsteuer (siehe Bild) oder als in den Bootsrumpf integriertes Steuer an Seekajaks verbaut. Steuer haben den Vorteil, dem Paddler viel Kraft zu sparen, da dieser weniger Energie auf Korrekturschläge verwenden muss. Besonders bei Wellen schräg von hinten erleichtert es das Absurfen und Ansteuern.

Der große Nachteil der Steuer ist ihre größere Störanfälligkeit aufgrund der vielen Einzelteile. Die Füße finden nicht ganz so viel Halt wie in einem Skegboot, da sie gleichzeitig zum Steuern verwendet werden müssen. Steuer machen faul, die richtige Paddeltechnik einzusetzen. Wer allerdings Paddeltechnik und Steuer kombiniert wird noch effektiver. Anfänger sollten im Boot ohne Steuer paddeln lernen. Mischformen aus Steuer und Skeg sind schon länger funktionstüchtig auf dem Markt.

Das Paddel

Das Paddel ist die einzige und direkte Verbindung des Paddlers zum Wasser. Wenn man eine Analogie zum Autofahren aufstellen würde, dann ist der Paddler selbst der Motor. Das Paddel wird dann zum Steuer, zur Bremse, zu Rädern, Reifen und Radachse. Diese Aussage unterstreicht vielleicht die Bedeutung des Paddels. Widmen Sie also der Auswahl Ihres Paddels entsprechende Aufmerksamkeit. Testen Sie verschiedene Modelle, Längen und Blattgrößen, ehe Sie sich festlegen. Generell können Sie zwischen dem Normalpaddel (auch oft Europaddel genannt), einem Grönlandpaddel oder einem Wingpaddel wählen.

Die **Normalpaddel** sind unter den Seekajakfahrern am weitesten verbreitet. Sie erfüllen die meisten Ansprüche in Bezug auf Geschwindigkeit, Kontrolle und Ergonomie. In der Regel werden Paddel heutzutage **gedreht** gefahren. Das heißt, nur eines der beiden Paddelblätter liegt plan auf, wenn man es auf den Boden legt. Das andere Blatt steht dann je nach Winkel der Drehung mehr oder weniger vom Erdboden ab. Wie stark das Paddel gedreht ist, hängt von Ihren Vorlieben ab. Drehwinkel zwischen 0 und 90 Grad sind möglich. In der Paddelgemeinde am häufigsten anzutreffen sind Drehungen von 30-70 Grad. Ob links oder rechts gedreht, ist reine Gewohnheitssache und ergibt sich in der Regel einfach daraus, welches Paddel man zu Beginn einer Paddlerkarriere in die Hände bekommt.

Paddelblätter sind in der Regel auch **gekehlt** (aufgewölbt), um eine größere Griffigkeit im Wasser zu gewährleisten. Größere Paddelblätter und ein längerer Schaft benötigen mehr Kraft, haben aber auch eine höhere Steuer- und Stützwirkung. Kleinere Paddelblätter und kürzere Schäfte benötigen nicht so viel Kraft und bedürfen für die gleiche Geschwindigkeit einer erhöhten Paddelfrequenz. Gleichzeitig wirken geringere Kräfte auf Sehnen und Muskulatur. Sie eignen sich daher besonders für lange Strecken. Die Längenwahl ist abhängig von der Körpergröße (je größer, je länger), Paddelstil (hoher Paddelstil – kurze Paddel und umgekehrt) und Bootsbreite (je breiter, je länger).

Die alte Regel zur **Paddellängenwahl** lautet, dass man im Stehen mit ausgestrecktem Arm auf das Paddel fassen kann. Heute wird dies von vielen Paddlern unterschritten. So würde der Autor z. B. nach dieser Regel ein 245 cm Paddel fahren müssen, benutzt aber lieber eines mit einer Länge von 210-215 cm. Kleine Menschen haben nach dieser Formel schnell zu kurze Paddel. Blattform, Paddellänge und Drehungswinkel sind also stark von Ihrer persönlichen Vorliebe abhängig. Ein guter Weg,

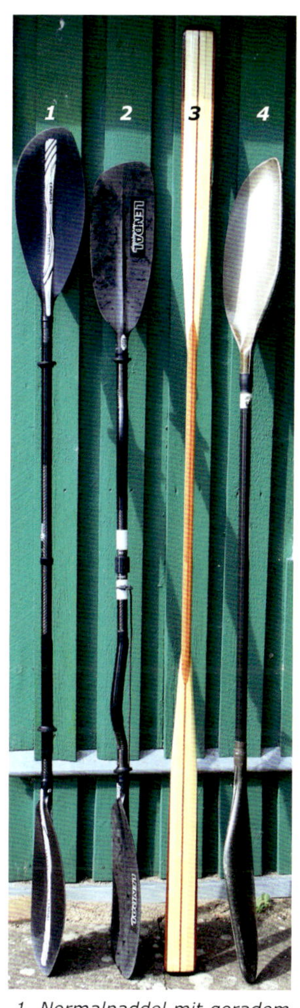

1. Normalpaddel mit geradem Schaft, 2. Normalpaddel mit Ergoschaft, 3. Eskimopaddel ungedreht, 4. Wingpadel

Ihre eigenen Wohlfühlmaße beim Paddel herauszufinden ist, sich ein Paddel zu leihen, das in Drehung und Länge verstellbar ist.

Oft findet man eine **Ovalisierung** des Paddelschaftes im Griffbereich. Ebenso kann der Paddelschaft ergonomisch angepasst sein. Das heißt, er hat einen „Knick“ im Schaft. Beides soll eine ergonomische Haltung begünstigen und ist wieder dem persönlichen Gusto unterworfen.

Ihre persönlichen Ansprüche in Bezug auf Gewicht, Robustheit, Steifigkeit und Preis beeinflussen auch die Materialwahl Ihres Paddels. Paddel werden aus PU, Nylon, GFK, Kohlefasern, Holz oder Aluminium gefertigt. Paddel mit Aluminiumschaft sind aufgrund der Korrosionsgefahr im Salzwasser nicht für Seekajakfahrer zu empfehlen. Die meisten Paddel sind mehr oder weniger eine Mischung aus GFK, Kohlefasern, Kevlar und Nylon. Sie werden entweder in Lagen laminiert oder unter Hochdruck in Formen gepresst. Dabei gilt hier: je mehr Kohlenstoff, desto leichter, aber gleichzeitig auch teurer werden die Paddel. Die mechanischen Eigenschaften von Holzpaddeln sind mit Kunststoffen, in Bezug auf Biegefestigkeit und Wärmegefühl, nur schwer nachzuahmen, von ihrer Schönheit ganz zu schweigen. Trotz ihrer geringeren Robustheit und Langlebigkeit sind Holzpaddel daher bei so manchem Seekajaker eine Alternative.

Bedenkt man, wie oft das Paddel auf einer längeren Tour gehoben wird, kann sich ein angenommener **Gewichtsvorteil** von 200 g eines leichten Paddels schnell auf Tonnen „gesparter Arbeit“ summieren.

Seit einiger Zeit erfreuen sich neben den allseits beliebten Normalpaddeln auch die traditionellen Formen der Grönlandpaddel (im Seekajakjargon scherzhaft auch Zahnstocher oder Holzlatte genannt) wieder steigender Beliebtheit. Die **Eskimopaddel**, die Urväter aller Doppelpaddel, haben ein sehr langes, schmales Paddelblatt, sind meist aus Holz gefertigt und ungedreht. Diese Paddel gelten als gutmütig, gelenkschonend auf längeren Strecken und sehr gut geeignet für verschiedenste Rolltechniken bieten aber weniger Leistung pro Fläche.

Ebenso haben Rennpaddel in Form von **Wingpaddeln**, die auf dem Prinzip von Flugzeugflügeln basieren, Einzug in den Seekajaksport gehalten. Sie eignen sich für fortgeschrittene Kajaker, für die eine hohe Geschwindigkeit das wichtigste Merkmal eines Paddels ist. Wingpaddel und Grönlandpaddel benötigen jeweils eine eigene Paddeltechnik, ohne die sie ihre Vorteile nicht ausspielen können.

Reservepaddel

Bei Seekajakfahrten muss aus Sicherheitsgründen **stets** ein Reservepaddel mitgeführt werden. Da das Reservepaddel am Oberdeck verstaut werden muss, bietet sich ein **teilbares** Paddel an. Wenn dieses Reservepaddel anders als das erste Paddel konstruiert ist, so kann man nach den bereits beschriebenen Gesichtspunkten, besonders aber unter dem Aspekt der Schlagfrequenz, das Paddel entsprechend der Gegebenheit auswählen.

Gleichzeitig kann ein plötzlicher Paddelwechsel aber auch zu einem Kontrollverlust führen, da man jedes Mal auf ein Neues eine Gewöhnungsphase überwinden muss. Dies tritt besonders stark bei einem Wechsel auf Wing- oder Grönlandpaddel zu Tage.

Zubehör

Der Preis für gutes Seekajakzubehör kann schnell in die Tausende gehen. Trotzdem sollte hier nicht am falschen Ende gespart werden. Das Zubehör ist das Werkzeug des Paddlers. Er muss damit arbeiten. Fehler in diesem Bereich können einem später den Spaß verderben. Es ist daher zu empfehlen, sich von erfahrenen Paddlern und seriösen Händlern **beraten zu lassen**.

Paddelbekleidung

Besonderes Augenmerk ist auf die **Paddelbekleidung** zu richten. Durch die stete Mischung von kaltem Wasser und Windchill frieren Sie beim Paddeln wesentlich früher als beispielsweise beim Bergwandern. Eine alte Paddelweisheit sagt: „Zieh dich so an, als müsstest du schwimmen gehen". Das ist besonders in der Übergangszeit im Frühjahr nicht leicht, wenn die Luft schon 25 Grad hat, der Körper nach T-Shirt schreit, das Wasser aber mit acht Grad noch eiskalt ist. Den besten Kompromiss muss jeder Paddler für sich allein finden.

Bei kalten Wasser- und Lufttemperaturen ist ein atmungsaktiver **Trockenanzug**, am besten mit angenähten Socken und doppelt abgedeckten Enden (Latex- und Neoabdeckung in Kombination), nicht zu schlagen. Darunter zieht man **Funktionskleidung** an, die den Schweiß von der Haut wegtransportiert und gleichzeitig die eigentliche Wärmeschicht darstellt. Mit einem guten Trockenanzug bleibt man auch nach einer Kenterung in kaltem Wasser noch ein bis zwei Stunden handlungsfähig, während man in Regenjacke und Jeans bereits nach ein paar Minuten völlig ausgekühlt ist. Bei gemäßigten Temperaturen kann man eventuell einen Kompromiss aus teilweiser **Neoprenbekleidung** (Long John, Shorty) und **Paddeljacke** eingehen. Auch in der wärmsten Jahreszeit sollte immer wenigstens eine Paddeljacke im Gepäck sein.

Trockenanzug, Schwimmweste, Spritzdecke und Neoprenschuhe

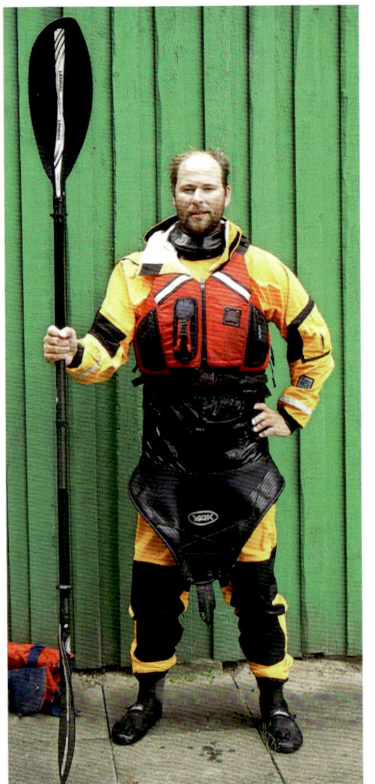

Die Tage, an denen man in Badehose und T-Shirt auf dem Wasser sein kann sind selten in unseren Breiten. Als Schuhe eignen sich je nach Geschmack Neoprenschuhe mit Profilsohle, Kunststoffsandalen oder einfach alte Turnschuhe mit Goretexsocken. Neoprenhandschuhe, Paddelpfötchen (Stulpen, die mit dem Paddel verbunden sind) und Neoprenhauben schützen die Extremitäten vor Kälte.

Paddelleine und Spritzdecke

Eine **Paddelleine** verhindert, dass das Paddel bei einer Kenterung oder Rettungsaktionen davonschwimmt. Man kann es einfach ins Wasser neben sich werfen und sich erst wieder damit beschäftigen, wenn man es braucht. Meist wird die Paddelleine mit einem elastischen Band auf dem Vordeck verbunden.

Die **Spritzdecke** soll das **Eintreten von Wasser in die Einstiegsluke** verhindern. Daher ist die **Dichtigkeit** sehr wichtig. Die Spritzdecke sollte stets so **gespannt** sein, dass sich auf ihr nur geringe Wassermengen sammeln können. Sie hat so fest geschlossen zu sein, dass sie sich bei einem Wellenübergang auf keinen Fall öffnet. Die für Spritzdecken verwendeten Materialien sind Neopren und beschichtetes Nylon.

Pumpe

Die Pumpe ist für die Sicherheit des Seekajakfahrers **unentbehrlich**, da durch sie das im Cockpit befindliche Wasser nach außen gelenzt werden kann.

Die **Handpumpe** ist die **preisgünstigste** Variante. Sie hat aber den Nachteil, dass sie **mit beiden Händen** bedient und die Spritzdecke zum Abpumpen geöffnet werden muss. Damit ist es in rauen Bedingungen schwer auszupumpen, weil Brecher ständig neues Wasser ins Cockpit tragen. Die Alternative, die Pumpe bei geschlossener Decke durch den Spritzdeckenschaft zu schieben ist nur etwas für Balancekünstler und verhindert ergonomisches Pumpen. Neuerdings gibt es aber Spritzdecken mit einer speziellen kleinen Öffnung für die Handpumpe an ergonomisch günstiger Stelle. Trotzdem bleiben Fuß- oder Schenkelpumpen die Mittel der ersten Wahl.

Das Lenzen bei geschlossener Spritzdecke ermöglicht eine fest an Deck eingebettete Handpumpe, eine Schenkelpumpe oder eine in die vordere Schottwand montierte Fußpumpe. Es gibt aus meiner Sicht keine bessere Möglichkeit, als das Boot mit der Fuß- oder Schenkelpumpe auszupumpen, da man gleichzeitig beide Hände am Paddel hat und auf Wellen und Wind reagieren kann. Eine weitere Möglichkeit ist der Einbau einer elektrischen Pumpe. Sie scheint zunächst als die optimale Lösung, gäbe es da nicht die sehr hohe Störanfälligkeit von Schaltern und Akkus.

Der Kompass

Beim Seekajakfahren gehört ein Kompass zur Grundausstattung, damit man auch ohne Sichtkontakt, z. B. bei Nebel und Strömung, einen geraden Kurs steuern und halten kann.

Kleine **Wanderkompasse** sind nur eine **Notlösung**. Es ist kaum möglich, sie ständig im Auge zu haben. Sie können sich durch die Bootsbewegung nicht frei und ungehemmt bewegen. Daher bieten sich **Schwimmkompasse** an. Sie sind groß genug, um sie auch aus größerer Entfernung ablesen zu können.

Viele der heutigen Boote bieten auf dem Oberdeck eine vorgefertigte Kompassaufnahmemulde an. Ist diese nicht vorhanden, so kann ein Kompass mittels Spannriemen/Gummis an der richtigen Stelle auf dem Vordeck angebracht werden. Dadurch kann man sie während der Fahrt ständig im Auge behalten. Auch ist so das Peilen sehr einfach: Der Paddler dreht das Boot mit der Spitze zum Peilobjekt und liest dann die Peilung ab.

Sicherheitszubehör

Beim Thema Sicherheit steht die **Schwimmweste** an erster Stelle. Die Schwimmwesten lassen sich in **Festkörperschwimmwesten** und **aufblasbare Schwimmwesten** unterscheiden. Es gibt sie als **ohnmachtssichere Weste** mit Kragen und als **Schwimmhilfen**.

Schwimmhilfen tragen den Körper im Wasser, fixieren das Gesicht aber im Unterschied zu Schwimmwesten **nicht** oberhalb der Wasseroberfläche. Bei einer **Ohnmacht** ist es daher durchaus möglich, dass man mit dem Gesicht im Wasser zu liegen kommt, was das **Ertrinken** zur Folge haben kann.

Die **ohnmachtssichere Schwimmweste** hält das Gesicht über dem Wasser und verhindert so das Ertrinken, auch wenn man ohnmächtig ist. Sie erschwert natürlich aufgrund ihrer Eigenschaften das Arbeiten im Wasser, da die Schwimmweste den Gekenterten immer wieder auf den Rücken dreht.

Eine gute Schwimmweste sollte beim Paddeln nicht reiben, da sonst der Paddelspaß extrem leidet. Kleine, aufgenähte Taschen, in denen sich zum Beispiel gut der Pausenriegel oder die Kamera verstauen lassen, sind nützlich. Dasselbe gilt für eventuell auf der Rückseite eingearbeitete Trinksysteme.

Aufblasbare Schwimmwesten werden als Automatik- und Halbautomatikwesten angeboten. Bei den **Automatikwesten** erfolgt die Aktivierung meist dadurch, dass sich eine wasserlösliche Tablette zersetzt. Diese Art von Auslösemechanismus ist im Seekajaksport denkbar **ungeeignet**, da sie bei Wasserkontakt aktiviert wird.

Die **halbautomatische Schwimmweste** wird durch eine Zugleine aktiviert. Dabei wird die Weste, die schlauchförmig um den Hals liegt, mit Kohlendioxid aus einer Patrone gefüllt. Es bilden sich so ein Kragen um den Hals und Luftkammern vor der Brust, wodurch der Kopf fixiert wird.

Aufblasbare Schwimmwesten sind also **stets ohnmachtssicher.** Über ein Ventil kann dann Luft abgelassen oder erforderlichenfalls zugeblasen werden. Der Auftrieb aufblasbarer Schwimmwesten liegt bei etwa 15 kg. Einmal aufgeblasen kann der gekenterte Paddler aber mit ihr nicht mehr so sinnvoll schwimmen wie mit einer Feststoffweste.

Alle Schwimmwesten und auch Schwimmhilfen sollten **regelmäßig überprüft** und **gepflegt** werden. Man sollte **grelle Farben** wählen, um so im Notfall besser gesehen zu werden. Es bietet sich auch an, sie mit **Reflektoren** zu bestücken, was sich bei den Halbautomatikwesten erübrigt, da diese schon standardmäßig so ausgerüstet sind.

Optische Signalmittel

Im Seekajaksport bieten sich vor allem **pyrotechnische** Signalmittel an. In Deutschland gibt es verschiedene pyrotechnische Signalmittel, so z. B. **Rauchfackeln, Leuchtkugeln** bzw. **Leuchtraketen mit und ohne Fallschirm**. Für pyrotechnischen Rauchfackeln, die meist nur ca. 60 Sekunden brennen, gibt es mittlerweile elektronische Alternativen mit dem Vorteil, dass sie länger leuchten und keine Hitze verursachen. Dafür sind sie wohl etwas schlechter in der Leuchtkraft.

Die Leuchtraketen mit Fallschirm sind in Deutschland allerdings nicht im freien Handel erhältlich. Sie gehören zu den Signalmitteln der Gruppe T2, für die eine amtliche Erlaubnispflicht besteht.

☺ Aber gerade für Seekajakfahrer sind Rauchfackeln und **Fallschirmraketen** das **sinnvollste Signalmittel**.

Ein so kleines Boot wie das Seekajak ist in der See extrem schwer zu orten. Da sind auffällige Signalmittel besonders dringend geboten. Eine **Signalrakete** mit Fallschirm leuchtet im Vergleich zu einer ohne Fallschirm bei einer viel größeren Steighöhe mehr als doppelt so hell und brennt vier- bis fünfmal so lange. Dadurch deckt eine Fallschirmrakete einen viel größeren Sichtbereich ab. Auf diese Weise steigt natürlich auch die Wahrscheinlichkeit, dass das Signal gesehen wird.

Neben den Signalraketen gibt es auch **Signalrauch**, der bei starker Drift und starken Winden von Nutzen ist. Anhand der Rauchfahne kann der Verunglückte viel schneller gefunden werden. **Raketen ohne Fallschirm** empfehlen sich im küstennahen Bereich und bei Gelegenheiten, wo die Wahrscheinlichkeit hoch ist, dass die Rakete gesehen wird, z. B. im Fahrwasser und in der Sichtnähe von anderen Booten.

Wenn man über keine anderen Mittel verfügt, sollte man daran denken, **sparsam** mit den Raketen umzugehen. So sollte man, wenn auf zwei Raketen keine Reaktion erfolgt, mit dem Abschuss der nächsten Raketen warten. Auch der Einsatz von Signalrauch muss mit Bedacht erfolgen, da auch er einen relativ geringen Wirkradius hat.

Bei den pyrotechnischen Signalmitteln sollte auf das **Verfallsdatum** geachtet werden, und überalterte Signalmittel sollten ersetzt und sachgerecht entsorgt werden.

Neben den genannten pyrotechnischen Signalmitteln gibt es in einigen Ländern auch **Farbbeutel** oder **Farbpulver** zu kaufen. Sie färben das Wasser giftgrün oder leuchtend orange. Diese Signalmittel helfen vor allem bei einer Luftrettung.

Außer den optischen Signalmitteln gibt es auch **Funksignalgeber**. Zur eigenen Signalabgabe dienen **Funkbojen**. Diese geben, einmal aktiviert, ein Funknotsignal ab, das dann über Satelliten oder Flugzeuge an entsprechende Rettungsstellen weitergegeben wird. Seenotfunkbojen gibt es als Kommunikations-“Einbahnstraßen“. Sie senden ein Notsignal ab, ermöglichen aber keinen Funkverkehr. Einige Modelle erlauben zusätzliche Kommunikation per SMS. Es gibt Funkgeräte, die im Notfall auch die Funktion einer Funkboje ausführen können. Der Funkverkehr ist nur über **Funkgeräte** möglich. Diese sind besonders für Gruppenleiter und Extrempaddler eine wichtige Sicherheitsalternative, verlangen zur Bedienung in Deustchland aber ein Funksprechzeugnis und Kenntnis über die Gepflogenheiten bei der Funkkommunikation.

Handys können Funkgeräte nicht ersetzen, bieten aber eine gezielte Möglichkeit, Hilfe herbeizurufen, solange sie wasserdicht verpackt sind, bedienbar bleiben und Empfang haben. Smartphones nicht „luftfrei“ in ihre wasserdichten Beutel stecken, weil sie dann im Wasser nicht mehr zu bedienen sind. Stattdessen den Beutel mit Luft etwas aufblähen, was ermöglicht, einzelne Tasten „drücken“ zu können. Die **Nummer der Seenotrettung im Voraus zu speichern**, erleichtert Vieles. Die Alarmierung der Seenotleitung MRCC in Bremen erfolgt unter 📱 Mobil-Telefonnummer **12 41 24** im Abdeckungsbereich der deutschen Mobilfunknetze an der deutschen Nord- und Ostseeküste und/oder ☏ 04 21/53 68 70.

☺ Aber auch ein **altes Handy ohne Karte** ist verwendbar. Alle Netzbetreiber müssen die **Notrufnummer 110** kostenfrei und kartenfrei zur Verfügung stellen. Daher kann man über diese Nummer mit jedem Handy telefonieren und Hilfe anfordern.

In Deutschland sollen die Netze bis auf 36 km auf See hinausreichen, ein Erfahrungswert zeigt aber, dass sie in der Deutschen Bucht nur bis zu 10 km hinausreichen.

Ein letzter Bereich soll kurz erwähnt werden: die **akustischen Signalmittel**. Neben dem Rufen und Brüllen bieten sich für Seekajakfahrer vor allem **Sturmpfeifen** bzw. laute **Signalpfeifen** an. Auch Nebeltröten sind nicht zu unterschätzen.

☺ Gerade auf Tour bieten sich die **Pfeifen** als Aufmerksamkeit erregendes Signalmittel an.

Navigation

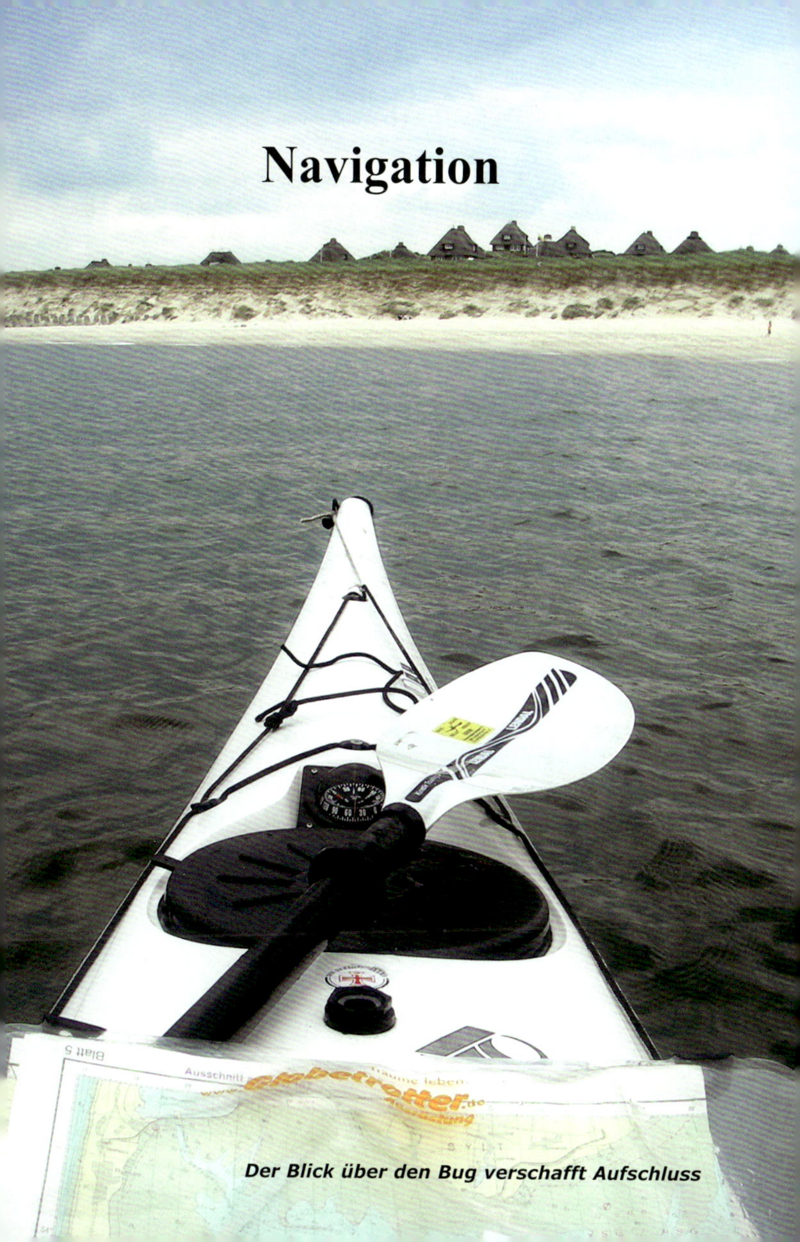

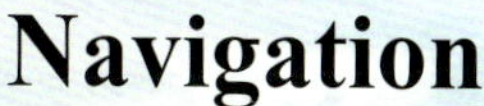

Der Blick über den Bug verschafft Aufschluss

Theoretische Navigation

Die theoretische Navigation ist sehr wichtig, da sie die **Grundlage für eine entspannte Tour** darstellt. Gute Planung schützt den Paddler vor bösen Überraschungen. Wer sich bei der Planung Zeit nimmt, spart diese auf der Tour und hat so mehr Zeit für ungewöhnliche Ereignisse.

Gute Planung bedeutet also immer **Sicherheit**. Sicherheit wiederum ist die **Voraussetzung für den Genuss** beim Paddeln.

Ein wesentlicher Bestandteil der Planung ist die Navigation, der wir uns nun zuwenden wollen.

Karte · Kompass · GPS. Reinhard Kummer, Basiswissen für draußen Band 4, Conrad Stein Verlag, ISBN 978-3-86686-478-8, € 8,90

Die Erdkugel

Die Erde rotiert um sich selbst auf einer scheinbaren Achse. Dabei werden die Enden der Achse als Nord- bzw. Südpol bezeichnet. Die Rotation der Erde läuft von West nach Ost, daher verläuft die scheinbare Sonnen- und Sternbewegung von Ost nach West. Zur Orientierung auf der Erdkugel wird ein **Gitternetz** über sie gelegt. Dieses Gitternetz unterscheidet nach geografischer Länge und Breite. Die **Längengrade** gehen von Pol zu Pol und werden in 180 östliche und 180 westliche Längengrade eingeteilt. Der Längengrad 0 läuft durch Greenwich, einen Ortsteil von London. Die **Breitengrade** verlaufen parallel zum Äquator um die gesamte Erdkugel. Sie werden in jeweils 90 nördliche und 90 südliche Breitengrade unterteilt.

Die Erde hat am Äquator einen Kreisumfang von 40.000 km. Das Stück vom Umfang eines Kreises, das durch eine Minute, also 1/60 Grad, abgedeckt wird, ist eine **Bogenminute**.

▷ Eine Bogenminute erhält man also, wenn man den Kreisumfang durch die 360 Grad des Vollkreises und dann durch die 60 Minuten eines Grades teilt.

▷ Am Äquator entsprechen einer Bogenminute **1,852 km**. Dies ist die Entfernung, die als eine nautische Meile oder auch als eine **Seemeile** bezeichnet wird.

Die Erde verfügt über ein eigenes **Magnetfeld**. Das Erdmagnetfeld stimmt fast mit dem geografischen Gitter überein. Das Magnetfeld wandert ständig. Zurzeit liegt der magnetische Nordpol auf einer Insel im Nordosten von Kanada. Die Abweichung zwischen dem **geografischen Nordpol** und **dem magnetischen Nordpol** nennt sich **Missweisung**. Die Missweisung ist an verschiedenen Stellen der Erde unterschiedlich groß. Die örtliche Missweisung und ihre jährliche Änderung wird auf den Seekarten in der Kartenrose angegeben. In Mitteleuropa kann diese Missweisung beim Paddeln und Wandern vernachlässigt werden.

Die Karte

Für die Orientierung werden zwei verschiedene Kartenarten verwendet. Zum einen sind es **topografische, landbezogene Karten** mit dem Metermaßstab. Auf ihnen werden insbesondere die Landmarken dargestellt. Die wasserbezogenen Daten wie Wassertiefe und Untiefen werden nicht so ausführlich berücksichtigt.

Auf den **Seekarten** werden dagegen die wasserbezogenen Daten besonders ausführlich dargestellt, die landbezogenen Objekte hingegen vernachlässigt und nur dann aufgezeigt, wenn sie für den Seefahrer interessant sind, z. B. besonders hohe Berge, auffällige Bauten oder Leuchttürme. Die Seekarten sind im **Seemeilenmaßstab** gehalten. Die Kartenprojektion richtet sich nach dem Merkator-Prinzip. Darauf soll hier aber nicht weiter eingegangen werden.

Die Karten sind eine modellhafte Darstellung der Wirklichkeit in verkleinertem Maßstab. Auf ihnen werden reale Dinge durch Symbole dargestellt. Diese Symbole werden in der Legende der Karte erklärt. In dieser Legende wird auch der Kartenmaßstab angegeben. Im Bereich der Seekarten gibt es keine Legenden, dafür gibt es die **Internationale Seekarte Nr. 1**, auch **Karte 1** oder **INT 1**, auf der alle in Seekarten verwendeten Zeichen erklärt sind.

Für Paddler empfehlen sich Karten in einem Maßstab von 1:25.000, 1:50.000 und eventuell auch 1:100.000, da nur diese ausreichend detailgenau sind, um auf diesere Basis gut fundierte Entscheidungen zu treffen.

Die meisten Karten sind in Nord-Süd-Richtung ausgerichtet, d. h. oben ist Norden und unten Süden. Die Karte ist für unbekannte oder wenig bekannte Gegenden das wichtigste Orientierungsmittel. Für die Tourenplanung ist die Arbeit mit der Karte unerlässlich.

Der Kompass

Die Erde verfügt, wie bereits gesagt, über ein eigenes **Magnetfeld**, das für die Orientierung genutzt wird. Das der Funktionsweise des Kompasses zugrunde liegende Prinzip entdeckten als Erste die Chinesen. Sie nutzten Magnetsteine, die sich auf einer glatten Oberfläche oder auf einem wassergefüllten Behälter nach dem Nord-Süd-Feld der Erde ausrichteten. Da der Erdmagnetnordpol in der Nähe des geografischen Nordpols liegt, nutzte man die Ausrichtung des Magnetsteins, um die Lage des geografischen Nordpols zu finden.

Moderne Kompasse bestehen aus einer magnetisierten Metallnadel, die auf einer Spitze, der Pinne, liegt. Die Kompassnadel kann in einer gas- oder auch flüssigkeitsgefüllten Kammer liegen.

▷ Im Seekajaksport werden meist **flüssigkeitsgefüllte Kompasse** verwendet, die eine **dämpfende Wirkung** auf die Kompassnadel haben.

Navigationshilfen

Zur Orientierung im Gelände können unterschiedliche technische Hilfsmittel genutzt werden: Auf See gab es früher die Funkpeiler. Mittels dieser Radiosignale konnte man sich orientieren. Heute gibt es eine weitaus modernere Form der Radionavigation. Es handelt sich dabei um das **Global Positioning System GPS**. Bei diesem vom US amerikanischen Militär entwickelten System kreisen 24 Satelliten um die Erde, die auf Breitbandfrequenzen ihre Position und andere Daten an einen Empfänger senden. Dieser errechnet aus den unterschiedlichen Laufzeiten die dreidimensionale Position des Empfängers.

Heute bietet ein typischer GPS-Empfänger für die zivile Nutzung eine Genauigkeit von bis zu wenigen Metern. Hierbei fällt jedoch die Anzahl der empfangen Satelliten und die Geometrie stark ins Gewicht, sodass im praktischen Gebrauch Genauigkeiten um 20 Meter erwartet werden können.

Umgang mit der Karte: Kurs – Entfernung – Strömung – Ortsbestimmung

Für eine zuverlässige Navigation in tidenabhängigen Gewässern sind eine Seekarte, ein Tidenkalender und ein Strömungsatlas unabdingbar. Diese Hilfsmittel machen eine vorausschauende Tourenplanung, bei der Kompasskurse, Entfernungen, Ausweichrouten, Anlande- und Pausenpunkte in der Karte ermittelt und eingetragen werden, erst möglich. Ohne eine solche Planung sollte man sich nicht auf Tidengewässer begeben. Entspannter kann man die Vorbereitung in tidenunabhängigen Gewässern angehen. Auch hier empfiehlt sich natürlich ein genaues Studium der Karte im Vorfeld, in Bezug auf Strecke, Sicherheit und Naturschutz, aber genaue Kompasskurse sind in den seltensten Fällen (lange Querungen, Nebel) notwendig.

Das Wichtigste beim Umgang mit der Seekarte ist das **vorausschauende Planen**: Es muss versucht werden, alle Eventualitäten einer Tour zu berücksichtigen, vom schlechten Wetter bis zum Abbruch einer Tour wegen Verletzung oder Ermüdung.

Die wichtigsten zu bedenkenden Variablen einer Tour sind: die geplante **Strecke**, die dafür benötigte **Zeit**, **Pausen**- und **Übernachtungsplätze** sowie **Alternativkurse** und **Nothaltepunkte**.

Karten sind teuer und anfällig gegen Nässe. Daher ist eine große, wasserdichte Kartentasche unabdingbar beim Gebrauch an Bord eines Kajaks. Alternativ lohnt es sich eventuell, die Karten in Farbe zu kopieren, in passender Größe zurechtzuschneiden und zu laminieren, besonders wenn man das Gebiet des Öfteren befährt. Es gibt auch die relativ billige Möglichkeit, die Karten in Schwarz-Weiß zu kopieren. Dabei gehen aber viele Informationen verloren. Durch relativ mühsames, individuelles Ausmalen kann man dieses Manko weitgehend beseitigen.

Wenn ich nun eine Tour plane, so lege ich erst einmal die **Tagesstrecke** fest. Die Tagesstrecke hängt vom Leistungsvermögen und der Stimmung der Gruppe ab. Man rechnet für weniger trainierte oder gemütlich fahrende Gruppen mit einer Tagesdurchschnittsgeschwindigkeit von etwa fünf Kilometern in der Stunde bei optimalen Seebedingungen. Gut trainierte, sportliche Paddler können zwei bis drei Kilometer schneller sein.

Bei Fahrtzeiten zwischen drei und sechs Stunden kann man mit einer Strecke von 15 bis 30 km rechnen. Deshalb plant man bei wenig Erfahrung am besten **zwei unterschiedlich lange Strecken** und hat so die Freiheit, auf der Tour die angemessene Strecke zu wählen. Wichtig ist, dass man sich durch die gewählten Strecken nicht selbst unter Druck setzt. Bei längeren Touren sollten auch immer Ruhetage eingeplant werden.

Äußere Bedingungen wie Wind, Wellen und Strömung können die Geschwindigkeit darüber hinaus stark beeinflussen.

Wenn man nun die Tagesstrecke bestimmt hat, trägt man die **Kurse**, die man fahren will, in die Karte ein. Dabei vermerkt man den **Kurs** und die **Kursstrecke** neben der gezeichneten **Kurslinie**. Damit ist man sich unterwegs ohne Hilfsmittel immer über den Kurs im Klaren.

▷ Neben den **geplanten Kursen** trage ich auch **Alternativkurse** für den Fall eines Abbruchs der Fahrt ein. Es ist daher möglich, auch bei fehlender Sicht relativ sicher und schnell den nächsten Kurs zum Land zu finden.

▷ Durch das Vermerken der **Streckenlänge** neben dem Kurs kann ich berechnen, also koppeln, wo ich mich in etwa befinde.

☺ Indem ich also Kurse und Strecken in die Karte eintrage, kann ich meinen Standort stets gut einschätzen. Abweichungen durch Tidenströme und Winde sind zu beachten.

Neben den Kursen und Strecken suche ich mir **markante Objekte** auf der Seekarte, die ich während der Fahrt zur Orientierung nutzen kann. Ebenso lege ich **Pausen** und den **Endpunkt** meiner Tour fest.

Der **Kurs** wird immer als Gradzahl eines Vollkreises angegeben, er bewegt sich also zwischen 0 und 360 Grad.

▷ Der Kurs wird mittels eines **Kursdreiecks** in die Karte eingetragen. Dazu wird das Kursdreieck mit dem Nullpunkt an einen Längengrad angelegt. Das Dreieck wird dann so weit gedreht, bis der Längengrad auf der Winkelskala durch den gewünschten Kurs geht. Mit einem zweiten Dreieck kann dann das Kursdreieck so verschoben werden, dass der Kurs durch die gewünschten Punkte verläuft. Wenn das der Fall ist, zeichne ich den Kurs in die Karte ein.

▷ Will ich der Karte eine **Peilung**, also eine auf mich bezogene Richtung, entnehmen, so lege ich das Dreieck auf diese Linie und verschiebe es so weit, bis der Nullpunkt durch einen Längengrad verläuft. Dann kann ich auf der Gradskala die Peilung ablesen.

Alternativ kann der erfahrene Wasser-Wanderer zur Planung auch einen Peilkompass verwenden.

Die Peilung ist wichtig, wenn ich unterwegs meinen Standort bestimmen will. Die Punkte, die ich anvisiere, heißen **Peilobjekte**, es sind die markanten Punkte, die ich mir aus der Karte herausgesucht habe.

Die **Entfernung** entnehme ich der Karte, indem ich die Strecke mit dem Zirkel **abgreife** und sie **an der Kartenseite bestimme**.

☞ Es ist sehr wichtig, dass ich die Entfernung immer an der *Seite* der Seekarte entnehme, denn nur bei der geografische *Breite* entspricht eine Bogenminute einer Seemeile. Bei der geografischen *Länge*

Einzeichnen einer Kurs- oder Peillinie

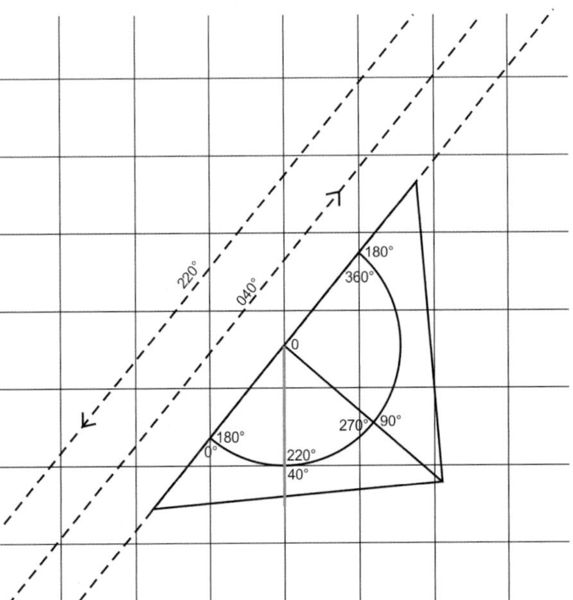

Ist der Kurs oder die Peilung nordweisend, so liegt 040° an. Sind sie südweisend, so liegt 220° an.

Der Längengrad, der den Nullpunkt schneidet, markiert die Kurs- beziehungsweise Peilungszahl (hellgrau).

Durch Anlegen eines Lineals kann die Linie (gestrichelt) beliebig parallel verschoben werden.

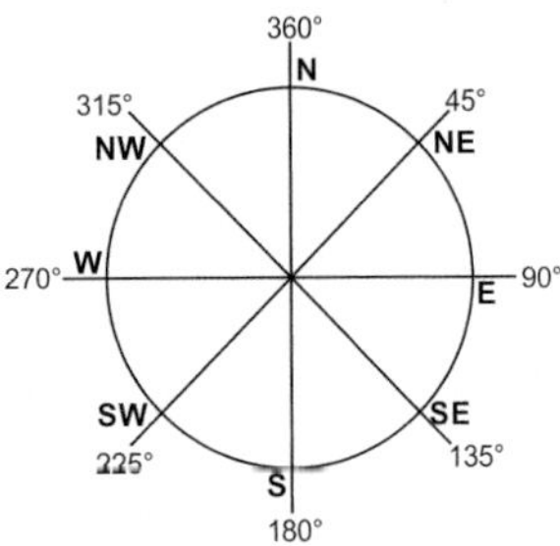

entspricht die Bogenminute nur am Äquator einer Seemeile, zu den Polen hin nimmt die Größe einer Bogenminute immer weiter ab.

Die Bestimmung von Kurs und Entfernung sind zwei wichtige und grundlegende Verfahren der Navigation. Für die Tourenplanung reichen sie aber nicht aus.

Es müssen noch **Strömungen** durch **Wind** und **Gezeiten** berücksichtigt werden. Gerade das Navigieren mit Strömungen ist sehr schwierig. Daher soll das Verfahren durch eine Zeichnung verdeutlicht werden (☞ Praktische Navigation).

Der geplante Kurs wird als „Kurs über Grund" bezeichnet, der Kurs, den ich dafür steuern muss, heißt „Kurs durchs Wasser". Der **Kurs durchs Wasser** ist also der Kurs, den ich wirklich steuere, der **Kurs über Grund** hingegen ist der Kurs, den ich auf der Karte zurücklege.

Die Strecke, die ich wirklich zurücklege, kann größer oder auch kleiner sein als der Kurs auf der Karte, und ebenso verhält es sich mit der **Geschwindigkeit**: Wenn ich *mit* dem Strom fahre, lege ich über Grund mehr Strecke zurück und habe damit eine höhere Geschwindigkeit über Grund, als ich wirklich paddle.

Die **Windströmung** kann ich kaum in meine Tourenplanung einbauen, ebenso wenig die **Wellenströmung**.

▷ Die Wirkungen der beiden Strömungen hängen sehr stark vom Bootstyp und von zahlreichen anderen Faktoren ab, die sich vorher kaum bestimmen lassen und daher **nicht planbar** sind. Sie müssen jeweils speziell vor Ort bestimmt werden.

Anders verhält es sich mit der **Gezeitenströmung**. Die Gezeiten entstehen durch die Gravitationswirkung von Mond und Sonne und durch die Zentrifugalkräfte der Erde. Die **Anziehungskraft von Mond und Sonne** wirkt auf die Wasserteilchen. Bei sehr großen Wassermassen wie den Ozeanen wirkt sich die Anziehungskraft in der Summe als eine Höhenveränderung aus. Es entsteht ein **Wellenberg**, der an der Küste als **Flut** und dessen **Wellental** als **Ebbe** bezeichnet wird.

Durch die **Zentrifugalkräfte** treten Wirkungen **symmetrisch** auf. Die Erde wird also von zwei Wellenbergen und zwei Wellentälern umkreist. Daher wechseln Ebbe und Flut etwa alle sechs Stunden. Wenn Sonne und Mond auf einer Linie liegen, addiert sich ihre Gravitationswirkung. Diese Situation wird als Voll- oder Neumond wahrgenommen.

Wenn der Mond im ersten oder im letzten Viertel steht, befinden sich Sonne und Mond im rechten Winkel zueinander. Die Summe der Gesamtgravitationswirkung ist in diesem Zustand am geringsten. Die Zeit von Voll- bzw. Neumond +/- zwei Tage ist die sogenannte **Springzeit**, die Zeit des ersten und letzten Viertels +/- zwei Tage ist die **Nippzeit**. Zwischen Spring- und Nippzeit liegt die **Mittzeit**.

▷ **Springzeit (Voll- bzw. Neumond +/- 2 Tage)** ist also die Zeit mit der größten Gravitationswirkung aufs Wasser. Hier treten die **größten Gezeitenunterschiede**, also die größten Höhendifferenzen zwischen Hoch- und Niedrigwasser auf. Daher herrscht um diese Zeit die größte Gezeitenströmung.

▷ Bei **Nippzeit** (Zeit des ersten und letzten Viertels **+/- 2 Tage**) herrscht dementsprechend die geringste Gezeitenströmung.

Die verschiedenen Spring-, Mitt- und Nippzeiten treten an den verschiedenen Küstenstädten verzögert auf. Diese Verzögerung heißt Springverspätung.

☺ Den Gezeitentafeln kann man diese Springverspätung für alle wichtigen Küstenorte, den Bezugsorten, entnehmen.

HW= Hochwasser, NW= Niedrigwasser

☝ Dieser Planauszug dient nur als Beispiel und hat keine Gültigkeit.

🕮 Gezeitenkalender, Bundesamt für Seeschifffahrt und Hydrografie. Hamburg und Rostock

Tag	Mai				Tag	Juni			
	HW		NW			HW		NW	
	Zeit	Zeit	Zeit	Zeit		Zeit	Zeit	Zeit	Zeit
1 Mi	10.57	23.08	4.52	17.10	1 Sa ○	11.49		5.49	18.15
2 Do	11.39	23.52	5.36	17.58	2 **So**	0.11	12.34	6.37	19.04
3 Fr ○		12.20	6.20	18.42					
4 Sa	0.36	12.59	7.01	19.24	3 Mo	1.00	13.19	7.23	19.53
5 **So**	1.18	13.39	7.43	20.08	4 Di	1.50	14.06	8.10	20.43
					5 Mi	2.43	14.54	8.57	21.31
6 Mo	2.03	14.21	8.25	20.52	6 Do	3.35	15.41	9.42	22.18
7 Di	2.50	15.04	9.07	21.36	7 Fr	4.25	16.31	10.29	23.10
8 Mi	3.38	15.49	9.49	22.20	8 Sa ☾	5.19	17.27	11.21	
9 Do	4.28	16.38	10.32	23.10	9 **So**	6.18	18.29	0.06	12.21
10 Fr ☾	5.23	17.36	11.24						
11 Sa	6.28	18.45	0.10	12.32	10 Mo	7.22	19.36	1.08	13.28
12 **So**	7.43	20.02	1.25	13.53	11 Di	8.26	20.45	2.14	14.39

● Neumond ☽ erstes Viertel ○ Vollmond ☾ letztes Viertel

Abbildung aus dem Gezeitenkalender: Norderney (Riffgat)

Für die **Bezugsorte** sind die Gezeitenhöhen und die Zeitpunkte von Ebbe und Flut genau angegeben.

☺ Ist der Ort, den man benötigt, kein Bezugs-, sondern ein **Anschlussort**, so müssen die Höhen und Zeiten entsprechend den aufgeführten Daten korrigiert werden: Die Höhen und Zeiten des Anschlussortes werden zu denen des Bezugsortes dem Vorzeichen entsprechend jeweils addiert oder subtrahiert. So erhält man für den gesuchten Ort die Zeiten und Höhen für Ebbe und Flut.

Mittels der **Zwölferregel** kann man dann ungefähr die **Zeit der stärksten Strömung** bestimmen: Die **Zwölferregel** besagt, dass

in der 1. und 6. Stunde nach Ebbe/Flut 1/12,
in der 2. und 5. Stunde 2/12 sowie
in der 3. und 4. Stunde 3/12 der Wassermassen zu- oder abfließen.

✋ **In der 3. und 4. Stunde herrscht dementsprechend der stärkste Gezeitenstrom.**

Die Zwölferregel ist auch sehr nützlich, um einzuschätzen, wie viel Wasser über Wattflächen zu bestimmten Zeiten vorhanden ist, bzw. ab wann diese bepaddelt werden können, indem man die Regel auf die Wassertiefe anwendet.

Stärke und Richtung des Gezeitenstroms lässt sich so allerdings nur **sehr ungenau schätzen**. Für die genaue Bestimmung von Richtung und Stärke der Strömung benötigt man einen **Gezeitenstromatlas**.

Der Gezeitenstromatlas enthält für ein bestimmtes Gebiet zwölf Karten. In diesen Karten sind die Strömungen im Abstand von je einer Stunde für sechs Stunden vor und nach dem Hochwasser für dieses Gebiet verzeichnet.

Für Fahrten auf der Nordsee ist der Gezeitenstromatlas für die Deutsche Bucht maßgeblich. Die Bezugszeit für diesen Atlas ist das Hochwasser von Helgoland.

Will man die Strömung in einem Gebiet ermitteln, so muss man die Zeitdifferenz zwischen dem Hochwasser von Helgoland und dem gesuchten Zeitpunkt am gewünschten Ort bestimmen und dann der entsprechenden Karte die Strömung für das gesuchte Gebiet entnehmen.

Die **Strömungsrichtung** muss nicht weiter korrigiert werden, nur die **Stromstärke** stimmt nicht immer.

▷ Um die **Stromstärke** zu ermitteln, muss man sie mit einer Korrekturziffer multiplizieren.

▷ Die **Korrekturziffer** erhält man, wenn man den Tagestidenhub für den betreffenden Tag durch den maximalen Tagestidenhub (er ist in der Gezeitentafel angegeben) teilt.

▷ Den **Tagestidenhub** erhält man, wenn man die Differenz zwischen dem Hochwasserwert und den beiden daneben liegenden Niedrigwasserwerten errechnet, sie addiert und dann durch zwei teilt.

Nach der Multiplikation der Stromstärke mit der Korrekturziffer hat man die Stromstärke für den Tag ermittelt. Die Stromstärke und die Stromrichtung nutzt man für die Errechnung des **Stromdreiecks**.

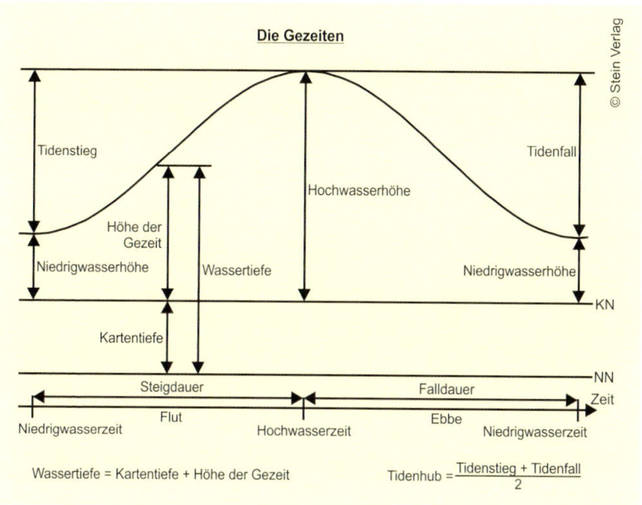

KN Kartennull, NN Normalnull

Die Bestimmung des Kurses durchs Wasser mit Hilfe des Stromdreiecks ermöglicht das **taktische Fahren**, bei dem man den Kurs so setzt, dass man durch den Gezeitenstrom **bestmöglich unterstützt** wird.

✋ Befährt man ein Gezeitengewässer ohne Berücksichtigung der Gezeitenströmung, so kann das lebensgefährlich werden. Die Strömungen der Gezeiten können an einigen Stellen durchaus größer als die Fahrgeschwindigkeit werden.

▷ Die Korrekturen der **Windabdrift** können nur aufgrund von eigenen Erfahrungen geschätzt werden, sollten aber möglichst auch berücksichtigt werden. Das ist häufig erst auf dem Wasser möglich (☞ Praktische Navigation).

Jetzt noch einige Worte zur **Ortsbestimmung**. Um einen Ort auf dem Wasser zu ermitteln, wendet man bei der terrestrischen Navigation **geometrische Verfahren** an:

Man kann seinen Ort durch den **direkten Schnittpunkt zweier Geraden** bestimmen. Diese Geraden können Peillinien von bestimmten Peilobjekten, eine Peillinie und die Kurslinie oder eine Peillinie und eine Abstandslinie sein.

▷ Für den Bereich des Seekajaksports nutzt man in erster Linie die Ortsbestimmung durch **Peillinien** bzw. **Peillinie** und **Kurslinie**. Innerhalb dieses Dreiecks liegt dann die eigene Position.

▷ Will man nun den eigenen Ort bestimmen, so peilt man die **Peilobjekten** an. Die Peillinien werden wie Kurslinien gezeichnet, sie laufen dabei durchs Peilobjekt. Der Schnittpunkt der Peillinien bezeichnet den eigenen Standort.

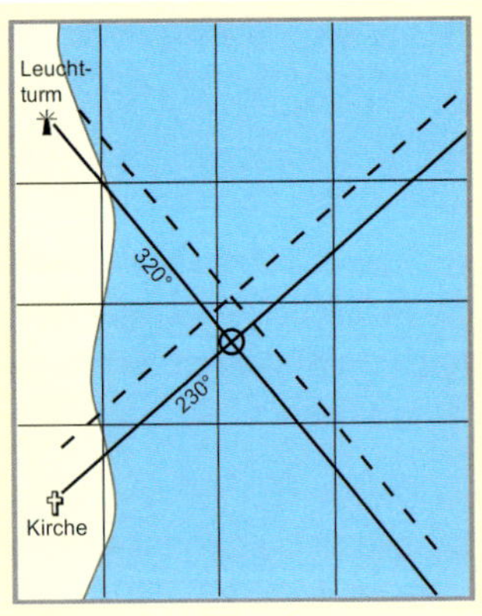

Kreuzpeilung

Der Leuchtturm wird in 320° und die Kirche in 230° gepeilt. Gesucht wird der eigene Standpunkt.

Die Peillinie (gestrichelt) wird ermittelt und dann durch das Peilobjekt parallel verschoben (dicke Linie).

Der Schnittpunkt der Geraden ist der eigene Standort.

☺ Es empfiehlt sich, drei Linien zu verwenden, damit der Ort möglichst genau bestimmt wird. Bei drei Peillinien entsteht meist ein Fehlerdreieck. Innerhalb dieses Dreiecks liegt dann der eigene Standort. Dieser Ort ist sehr genau bestimmt. Bedeutend ungenauer bestimmt ist der Ort, den man aus dem Schnittpunkt der gezeichneten Kurslinie und einer Peillinie erhält.

Es gibt neben diesem **Ortsbestimmungsverfahren** mit Hilfe des direkten Schnittpunkts natürlich noch andere Möglichkeiten:

▷ So kann man z. B. auf einer **Linie, die zwei Tonnen oder zwei Feuer bilden,** entlangfahren. Diese sind als Feuer in Linie in die Karte eingetragen. Man fährt also auf einem genauen Kurs den angepeilten Objekten entgegen.

▷ Weiterhin gibt es die **Tonnennavigation**: Dabei fährt man an einem Tonnenstrich entlang. Man befindet sich immer an der Stelle, wo die Tonne in der Karte eingezeichnet ist.

Die Tonnenpositionen können sich allerdings aufgrund verschiedener Faktoren **ändern**. Diese Veränderungen müssen in der Karte berichtigt werden. Dafür gibt das Bundesamt für Seeschifffahrt und Hydrografie regelmäßig Verbesserungen in Form von „Nachrichten für Seefahrer" heraus.

Diese Korrekturen sind für die berufsmäßige Schifffahrt gedacht.

Es ist wichtig, dass man sich darüber im Klaren ist, dass die in einer alten Seekarte angegebenen Tonnen nicht mehr unbedingt dort sein müssen, wo sie in der Karte verzeichnet sind. Diese Art der Navigation ist also mit Vorsicht zu genießen.

Nun noch ein paar Worte zu den **Tonnen**. Es gibt zum einen die **Kardinaltonnen**. Dies sind Tonnen in den Farben **Gelb** und **Schwarz**, die vor Gefahren wie Untiefen, Wracks, Steinen o. Ä. warnen.

Des Weiteren gibt es die **Fahrwassertonnen**, die **rot**, **rot-weiß gestreift** oder **grün** sind. Die Fahrwassertonnen kennzeichnen ein Fahrwasser auf See. Dieses Fahrwasser sollten wir als Paddler stets meiden. Sind wir dennoch gezwungen, ein Fahrwasser zu kreuzen, so sollte das rechtwinklig und so schnell wie möglich erfolgen.

Alle Fahrzeuge auf dem Fahrwasser haben **Vorfahrt**. Außerhalb des Fahrwassers haben Segler, Surfer, Fischer und Fahrzeuge **von rechts** Vorfahrt. Es sollte aber generell allen Fahrzeugen ausgewichen werden, da die meisten bedeutend stärker sind und man es daher nie auf eine Kraftprobe ankommen lassen sollte.

Mit den beschriebenen Verfahren sind natürlich die Verfahren der theoretischen Navigation noch lange nicht ausgeschöpft. Für den Seekajaksport reichen sie jedoch aus.

Wer sich weitergehend mit Navigation beschäftigen will, dem sei das Ablegen eines Sportbootführerscheins empfohlen. Beim Erwerb dieses Sportbootführerscheins wird die terrestrische Navigation in aller Ausführlichkeit behandelt.

Praktische Navigation

Um eine bestimmte Richtung beim Paddeln zu halten, muss ein bestimmter **Anhalt** für den Kurs gefunden werden:

▷ Entweder man wählt sich ein Objekt an Land oder auf dem Wasser, auf das man zuhält, oder man fährt einen bestimmten Kurs nach dem Kompass.

Das ist ohne Strom auch sehr gut möglich. Bei Strömungen unterscheiden sich, wie bereits beschrieben, der Kurs durchs Wasser und der Kurs auf der Karte voneinander.

Will man also einen bestimmten Kartenkurs **bei Strom** fahren, so muss man auf dem Wasser einen bestimmten **Vorhalt** wählen. Für den Gezeitenstrom ist das schon in der Planung möglich. Für **Wind** und **Wellen** muss der Vorhalt auf dem Wasser bestimmt werden. Das ist bei fehlender Erfahrung nur dann möglich, wenn man einen **Ort an Land anpeilen** kann.

▷ Wenn man auf diesen vorausliegenden Ort zuhält und der Kurs sich nicht ändert, so hat man keinen Strom oder der Strom läuft entsprechend bzw. entgegengesetzt zum eigenen Kurs.

▷ Ändert sich dagegen der Kurs, so paddelt man eine sogenannte Hundekurve, da man durch den Strom versetzt wird.

▷ Man wählt dann einen Vorhalt, der so groß ist, dass das Zielobjekt in stehender, also gleicher, Peilung bleibt. Aus dem Vorhalt

Stromaufgabe

Ich fahre mit 3 Knoten (3 Seemeilen in der Stunde) in Richtung 050°. Es gibt einen Strom, der mit 1 Knoten nach 170° setzt.
1. Wie schnell und wohin fahre ich ohne Korrektur?
2. Wie muß ich korrigieren, damit ich ankomme, wo ich ankommen will?

Lösung 1

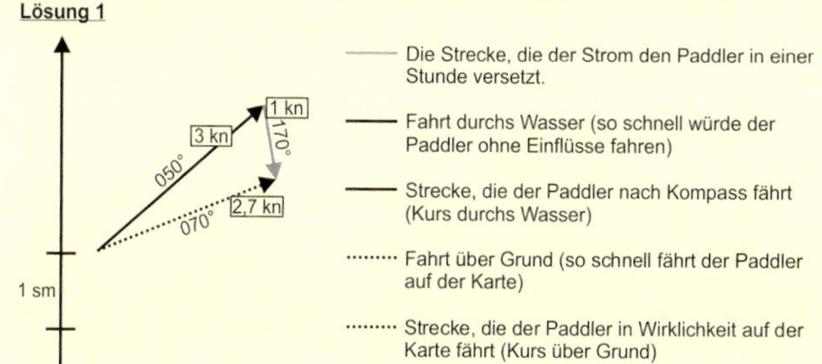

Lösung 2

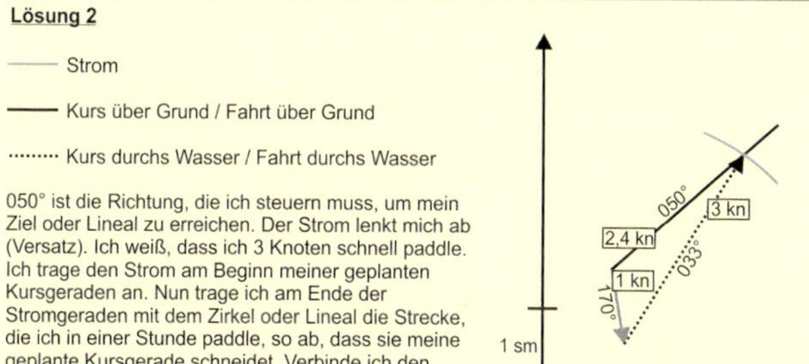

050° ist die Richtung, die ich steuern muss, um mein Ziel oder Lineal zu erreichen. Der Strom lenkt mich ab (Versatz). Ich weiß, dass ich 3 Knoten schnell paddle. Ich trage den Strom am Beginn meiner geplanten Kursgeraden an. Nun trage ich am Ende der Stromgeraden mit dem Zirkel oder Lineal die Strecke, die ich in einer Stunde paddle, so ab, dass sie meine geplante Kursgerade schneidet. Verbinde ich den Schnittpunkt mit dem Ende der Kursgeraden, so habe ich den zu paddelnden Kurs (gestrichelt), von 033°.

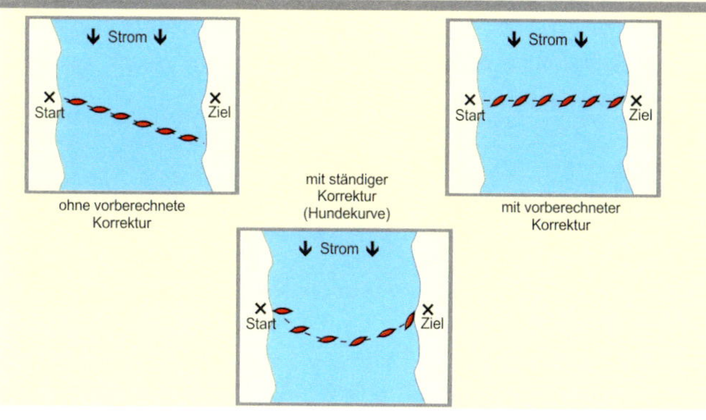

ohne vorberechnete Korrektur

mit ständiger Korrektur (Hundekurve)

mit vorberechneter Korrektur

kann man dann mittels des Stromdreiecks die **Stromstärke** bestimmen.

Wenn man ohne Zielobjekte fährt, kann man den Vorhalt nur schätzen. Aus dem **Versatz**, d. h. der Strecke, die man abgetrieben wurde, kann am Ende der Tour der Strom bestimmt werden. Während der Fahrt ohne Zielobjekte kann man nur mittels GPS den Versatz bestimmen.

▷ Die **Peilungen zur Ortsbestimmung** könnten auf dem Wasser dadurch erfolgen, dass man den Kompass aus der Halterung nimmt und dann mit der Hand peilt, man kann aber auch das Boot mit der Spitze zum Peilobjekt drehen.

Über die **Genauigkeit** sollte man sich keinen Illusionen hingeben: Ein Schwimmkompass für das Kajak gibt die Peilungen und Kurse mit +/- 5 Grad an. Die Toleranz liegt also bei 10 Grad. Da man auf See kaum mit Dreiecken arbeiten kann, können die Peillinien nur ungefähr in die Karte übertragen werden, stellen also eine weitere Ungenauigkeitsquelle dar. Dementsprechend ungenau ist dann auch der ermittelte Ort bestimmt.

Während der Fahrt sollte man aber trotzdem immer in etwa wissen, wo man sich befindet.

▷ Es sollte ständig **mitgekoppelt** werden, um auch bei ungewöhnlichen Umständen, wie fehlender Sicht bei Nebel, zu wissen, wie man zu fahren hat. **Ort, Kurs und ungefähre Geschwindigkeit** sollten immer bekannt sein, da nur so sicher gepaddelt werden kann.

Einflüsse durch Wetter und Natur

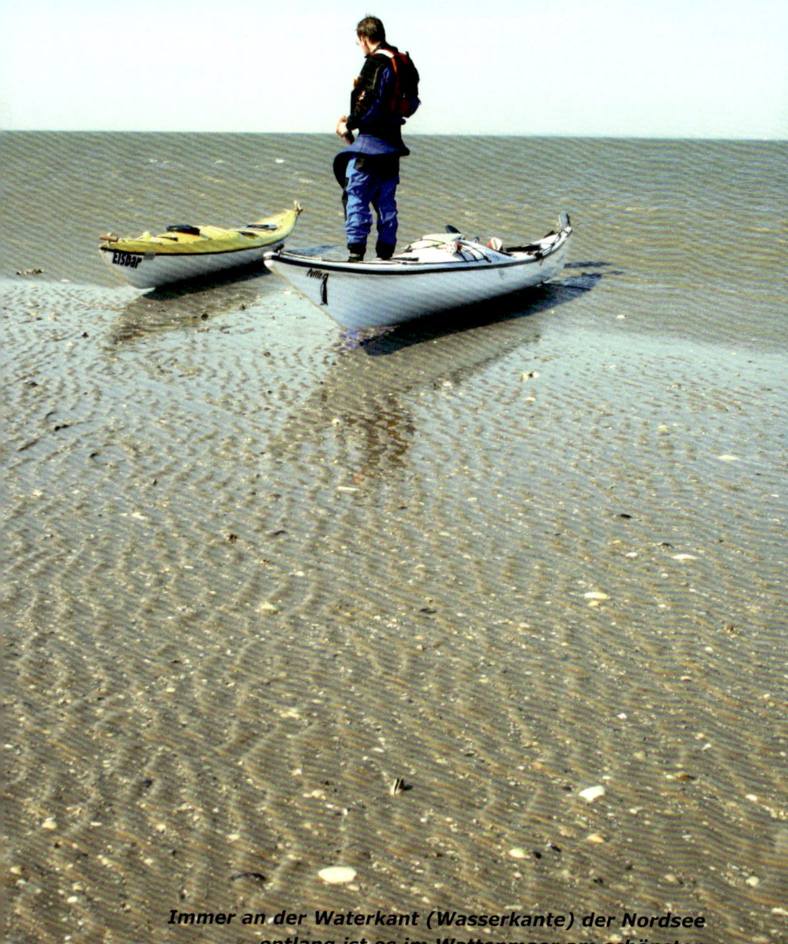

Das Wetter ist neben dem Gesundheitszustand der Paddler das wichtigste Kriterium für alle Entscheidungen auf dem Wasser. Der Wind ist dabei der Verbündete oder der „Feind“ des Seekajakfahrers. Die folgende Tabelle verdeutlicht, was der Wind bei verschiedenen Seegebieten für Auswirkungen hat.

Anfänger unter den Seekajakfahrern sollten zu Beginn keinesfalls über vier **Windstärken** auf dem offenen Wasser unterwegs sein. Gruppenfahrten sollten auch mit fortgeschrittenen Kajakern nicht über 5 BFT begonnen werden. Die Grenze für sehr erfahrene Seekajakfahrer liegt bei etwa sieben Windstärken. Bei sieben Windstärken kommt man nur sehr langsam gegen den Wind an, längere Strecken gegen den Wind zu fahren, ist gänzlich unmöglich. Eine Kommunikation und Rettung in der Gruppe werden hier extrem schwierig. Sieben Windstärken von hinten dagegen lassen den Seekajaker „fliegen“. Er muss sich voll auf die von hinten anlaufenden Wellen konzentrieren, diese entweder absurfen oder aus Sicherheitsgründen durchlaufen lassen.

Windgeschwindigkeit (kts) Windstärke (Bft)	0-1 0	1-3 1	4-6 2	7-10 3	11-15 4	16-21 5	22-27 6
Resultierender Seegang im offenen Meer	0 ruhige spiegelglatte See	1 ruhige gekräuselte See	2 schwach bewegte See		3 leicht bewegte See	4 mäßig bewegte See	5 grobe See
Seegebiet	**Wellenhöhe (m)**						
offene See (z.B. Atlantik)	0	0 - 0,1	0,1 - 0,4		0,4 - 1,3	1,3 - 2,5	2,5 - 4,0
Nordsee: Nord					0,4 - 0,9	0,8 - 1,9	1,7 - 3,2
Süd					0,4 - 0,9	0,8 - 1,7	1,2 - 2,1
Skagerrak					0,4 - 0,9	0.8 - 1,8	1,3 - 2,8
Kattegat					0,4 - 0,9	0,7 - 1,6	0,9 - 2,0
Kieler- und Lübecker Bucht					0,4 - 0,7	0,6 - 1,0	0,8 - 1,3
übrige Ostsee: westl. Bornholm					0,4 - 0,8	0,7 - 1,3	1,1 - 1,8
östl. Bornholm					0,4 - 0,9	0,8 - 1,6	1,4 - 2,4

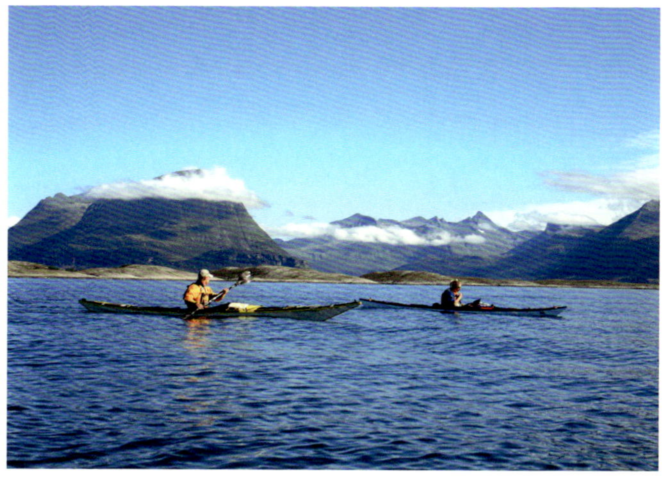

Windstärke 1: Nur eine sanfte Brise, Norwegen, Atlantik

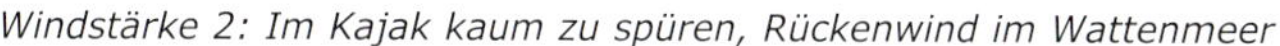

Windstärke 2: Im Kajak kaum zu spüren, Rückenwind im Wattenmeer

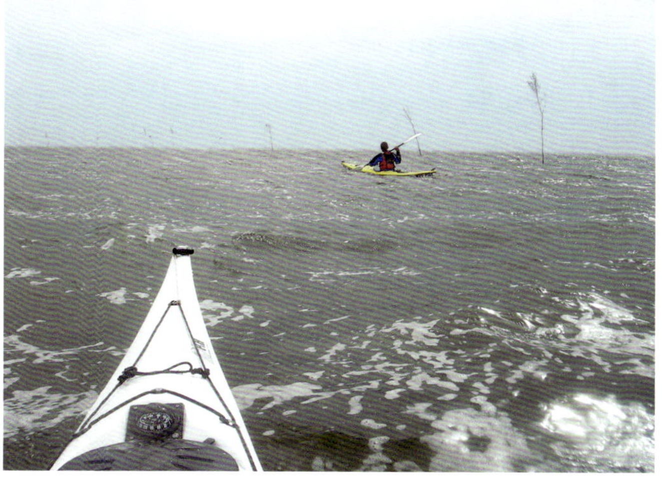

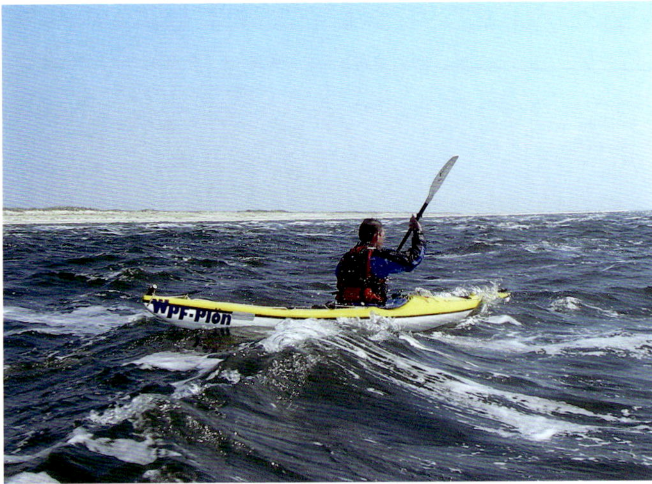

Windstärke 3-4: Sinnvolle Grenze für Anfänger, Deutsche Nordseeküste

Windstärke 7-8: Anstrengendes Gegenwindpaddeln auf der Ostsee in Heiligenhafen

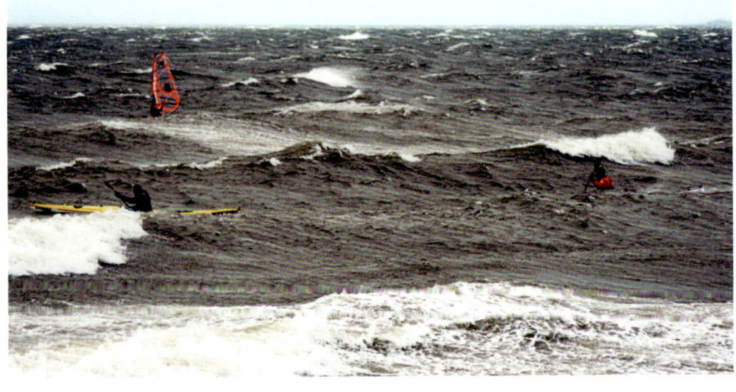

Windgeschwindigkeit (kts) Windstärke (Bft)	28-33 7	34-40 8	41-47 9	48-55 10	56-63 11	über 63 12
Resultierender Seegang im offenen Meer	6 sehr grobe See	7 hohe See		8 sehr hohe See	9 außergewöhnlich schwere See	
Seegebiet	**Wellenhöhe (m)**					
offene See (z.B. Atlantik)	4,0 - 6,0	6,0 - 9,0		9,0 - 14	≥ 11,5	
Nordsee:						
Nord	3,0 - 4,3	4,0 - 6,3		6,0 - 8,5	≥ 7,2	
Süd	1,6 - 2,6	2,1 - 3,7		3,2 - 4,5	≥ 3,8	
Skagerrak	1,8 - 3,6	2,1 - 5,6		3,5 - 8,0	≥ 5,6	
Kattegat	1,1 - 2,5	1,8 - 3,8		2,8 - 4,5	≥ 3,6	
Kieler- und Lübecker Bucht	1,0 - 1,6	1,3 - 2,5		2,0 - 2,9	≥ 2,5	
übrige Ostsee:						
westl. Bornholm	1,5 - 2,3	2,0 - 3,6		3,1 - 4,4	≥ 3,9	
östl. Bornholm	2,0 - 3,1	2,6 - 5,0		4,2 - 6,2	≥ 5,2	

Kommen zum reinen Windeinfluss noch Strömungen (Wind gegen Strömung, Kehrwasser, Overfalls), alte Dünung und Felsgärten (Kabbelwellen, Kreuzseen) hinzu, sinkt die Grenze erheblich. Windstärke sieben auf der westlichen Ostsee kann daher von der Schwierigkeit her durchaus vergleichbar sein mit Windstärke fünf in den Gatts (Bereiche zwischen den Nordseeinseln) der deutschen Nordsee, wenn eine Strömung gegen die Windrichtung läuft. Küsten können aber auch Schutz vor starken ablandigen Winden bieten, wenn man dicht am Ufer bleibt.

Längere Querungen sollten nicht im Grenzbereich des eigenen Könnens gestartet werden, denn die Bedingungen können sich schnell verschlechtern. Andererseits ist Übung in grenzwertigen Situationen dringend zu empfehlen. Diese Übungen sollten allerdings nur in Gruppen und unter abgesicherten Bedingungen (z. B. nah an Land in einer Bucht das Surfen oder Rettungstechniken üben) durchgeführt werden.

Nebel ist eine weitere zu beachtende Gefahr auf dem Wasser. Herrscht schon Nebel, geht man besser gar nicht auf das Wasser. Ist man bereits auf dem Wasser, kann man nur durch Kompassnavigation die Situation unter Kontrolle behalten. Eine besondere Gefahr bei Nebel sind aus ersichtlichen Gründen andere Verkehrsteilnehmer, wie z. B. die Berufsschifffahrt.

Paddler sollten daher aus den vorhandenen Wetterdaten und der Revierinformation die zu erwartenden Bedingungen ablesen können. Wetterdaten sind mittlerweile zuverlässig und für fast alle Regionen dieser Welt auch im Internet zu finden.

Die Daten zu Gezeiten und Strömungen für heimische Gewässer findet man z. B.: auf der Internetseite des Bundesamtes für Seeschifffahrt (💻 www.bsh.de). Beim Deutschen Wetterdienst (💻 www.dwd.de), Windfinder (💻 www.windfinder.com), WetterOnline (💻 www.wetteronline.de), 💻 www.windy.com und dem dänischen Meteorologischen Institut (💻 www.dmi.dk) erhalten Sie gute Daten zu Windrichtung und -stärke, Wassertemperaturen und Wellenhöhen in unserer Region.

Nutzen Sie auch Ihr Handy und lassen Sie sich die Daten während einer Tour per SMS von Freunden oder einem der Meteorologischen Internetservice (💻 www.wetterwelt.de) zusenden. Auch im Rundfunk gibt es Wettermeldungen: z. B. Deutschlandfunk/-radio über Frequenzen 1.269 + 177 + 6.005 + 6.190 kHz, und zwar um 1:05, 6:40, 11:05, 22:05.

Wetterinformationen können auch über das Telefon abgerufen werden: z. B. ☏ 018 03/25 46 08 (Deutschlandradio)

Ein guter Seekajakfahrer sollte die Zeichen der Natur zu lesen wissen. Die Vorhersage und Deutung von Wetter ist allerdings derart umfangreich, dass an dieser Stelle auf andere Quellen verwiesen werden muss.

📖 Wetter. Michael Hodgson und Meeno Schrader, Basiswissen für draußen Band 13, Conrad Stein Verlag, ISBN 978-3-86686-013-1, € 8,90

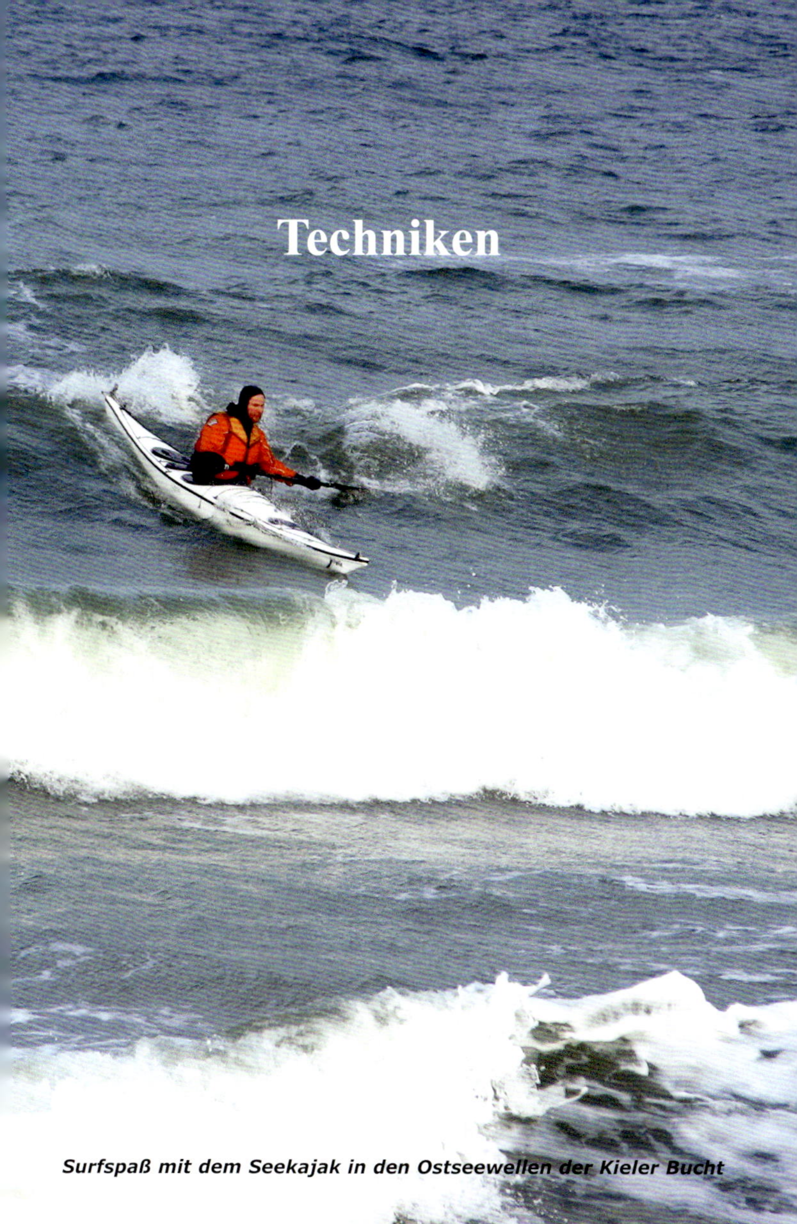

Techniken

Surfspaß mit dem Seekajak in den Ostseewellen der Kieler Bucht

Das Fahren in der Gruppe

Die alte Regel „**Paddle nie allein**“ ist und bleibt das wichtigste Sicherheitskriterium. Nur sehr erfahrene Seekajaker, die in jedem Fall wissen, was sie tun, sollten sich allein auf das Wasser wagen.

Beim Paddeln im Team müssen das Können und die Kondition des schwächsten Mitgliedes der Gruppe für alle Entscheidungen ausschlaggebend sein. In Bezug auf Seebedingungen und Tempo sollte man darüber hinaus nicht das volle Leistungsvermögen ausschöpfen und immer eine Reserve für unvorhergesehene Fälle „aufsparen“. Es ist sehr wichtig, sich im Voraus über Signale, Aufgaben und anzuwendende Rettungsmethoden in der Gruppe abzusprechen. Im Optimalfall hat man in der vorhandenen Teambesetzung alle erdenklichen Situationen gemeinsam durchgespielt.

Der Abstand in einer Gruppe sollte so gewählt werden, dass eine Verständigung untereinander immer möglich ist, aber sich eine gegenseitige Behinderung bei Wellengang ausschließt. Ab etwa Windstärke sieben wird eine vernünftige Kommunikation und gegenseitige Hilfe fast unmöglich. Jeder Paddler hat dann genug mit sich allein zu tun.

Paddeltechniken

Die drei Grundprinzipien

Paddeltechniken sind keine Ansammlung von einzelnen Teiltechniken, denn sie sind alle über drei Grundprinzipien miteinander verwandt. Eine gute Paddeltechnik bedarf zunächst einer guten ***Verankerung im Boot***. Dabei verkeilt sich der Paddler mit seinen Füßen auf den Fußstützen, mit seinen Knien und Schenkeln an den Schenkelstützen und dem Hintern im Sitz so, dass er das Gefühl hat, mit dem Boot verwachsen zu sein.

Eine weitere wichtige Grundlage ist das ***Prinzip der Paddelbox.*** Stellen Sie sich bei der Box einen virtuellen kastenförmigen Raum vor einem im Boot sitzenden Paddler vor. Der Paddler kommt mit seinem

Paddel dabei niemals aus der Box, da nur in diesem Bereich das Paddeln mit hoher Effizienz möglich ist. Möchte er z. B. Schläge nach hinten machen, bewegt sich durch Körperrotation die Box mit.

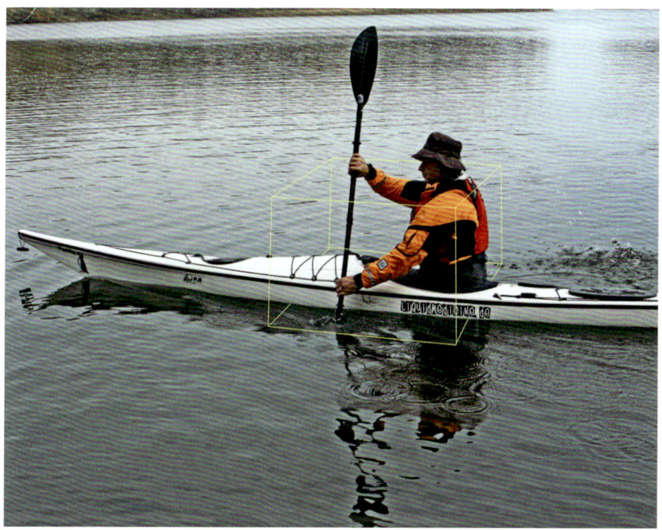

Die Paddelbox

Damit wären wir auch gleich beim dritten wichtigen Prinzip, das allen Schlägen gemein ist: der ***Körperrotation***. Sie ermöglicht den Einsatz der großen Muskelgruppen an Rücken und Bauch. Mit ihrer Hilfe paddelt man viel kräftiger und ausdauernder als durch reine Armbewegungen möglich wäre.

Der Paddler sollte aktiv, d. h. gerade bis leicht vorgebeugt, im Boot sitzen und sich keinesfalls nach hinten lehnen. Das Paddelblatt wird dann beim **Vorwärtsschlag** mit einem ausgestreckten Arm und gleichzeitiger Körperrotation weit nach vorn ins Wasser gebracht. Möglichst parallel und bootsnah wird das Paddel dann anschließend im Wasser mit Körperrotation, Schulter-/Armzug auf der Wasserseite und Schulter-/Armdruck auf der „Luftseite“ bis zu Höhe der Hüfte gezogen. Gleichzeitig wird unten Druck auf die Fußstütze und Schenkelstütze ausgeübt. Dabei kann man sich vorstellen, dass der Körper sich wie ein verdrehtes Gummiseil verwringt und so schon die Energie für den Schlag auf der anderen Seite gespeichert hat. Der Körper befindet sich nun also schon fast in der richtigen Ausgangstellung, allerdings muss das Paddel mit der Hand am Kopf vorbei auf der anderen Seite wieder nach vorn gebracht werden. Dann beginnt dasselbe Spiel von vorn, nur seitenverkehrt. Da man im Seekajak die meiste Zeit vorwärts paddelt, lohnt es sich, eine gute Technik zu entwickeln. Die Fähigkeit zu effektiven Sprints bringt den Seekajaker darüber hinaus sicher durch die Brandungszone, auf eine Surfwelle oder durch Verscheidungszonen von Strömungen. Am besten erlernen Sie diese komplexe Bewegung, wenn Sie sich beim Üben jeweils nur auf ein Detail der Technik konzentrieren.

Beim **Rückwärtsschlag** achten Sie darauf, dass Sie das Paddel weit hinten einstechen und mit Oberkörperrotation nach vorn ziehen, so bleiben Sie in der Paddelbox. Mit dem Rückwärtsschlag können Sie das Boot stoppen, verhindern, dass eine Welle Sie mitnimmt, oder einfach manövrieren.

Richtungsänderungen

Bogenschlag: Mit demselben Zusammenspiel von Ober- und Unterkörper wird diesmal das Paddelblatt mit der Arbeitsseite leicht nach außen eingestochen und dann im weiten Bogen bis hinter die Hüfte durchgezogen. Das Boot dreht von der Arbeitsseite weg. Auch hier geht die Körperrotation bis zum Ende mit. Ein Ankanten des Seekajaks in die Außenkurve (zur Arbeitsseite hin) lässt nach einiger Übung das Kajak viel schneller drehen.

Beim **Rückwärtsbogenschlag** dreht das Boot zu Arbeitsseite hin. Er wirkt wie der normale Rückwärtsschlag mit dem Unterschied, dass das Paddel hier im weiten Bogen durch das Wasser geht.

Das **Ankanten** des Bootes führt dazu, dass es aufgrund der veränderten Wasserlinie anfängt zu drehen, auch wenn Sie normal weiterpaddeln. Das sollten Sie in Kurvenfahrten nutzen (Kanten zur Paddelseite hin und von der Paddelseite weg können hier je nach Boot und Situation beide funktionieren). Gleichzeitig wird dieser Effekt auch zum Kurshalten bei Seitenwind verwendet. Hier kanten Sie das Boot von der Windseite weg und paddeln normal weiter.

Beim **Bugruder** hält der Paddler unter Fahrt das Paddelblatt mit der Arbeitsseite „einfach" statisch vorn ins Wasser. Das Boot wird so zum Drehen gezwungen. Die Position des Paddlers wird hier durch Körperspannung „zementiert". Durch ein gleichzeitiges Ankanten in die Außenkurve wird das Boot auch hier wieder viel schneller drehen. Ein guter Paddler kann ein Seekajak nur mit Bugruder und Ankanten um 120 bis 180 Grad wenden.

Bugruder mit Ankanten

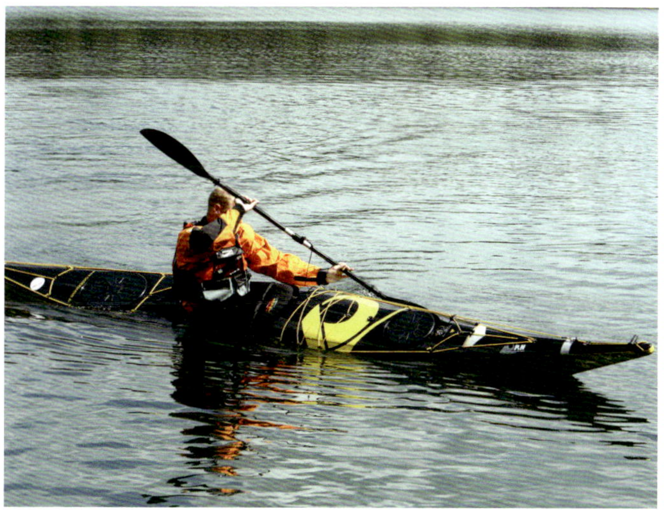

Beim **Heckruder** wird das Paddel mit entsprechender Körperdrehung am Ende eines Vorwärtsschlages am Heck des Bootes mit dem Blatt parallel zum Boot im Wasser gehalten. Nun können Sie durch Veränderung der Paddelstellung das Boot steuern. Drücken Sie das Paddelblatt mit der Oberkante leicht vom Boot weg nach außen zeigend, dreht das Boot in Richtung Paddelseite. Ziehen Sie das Blatt mit der Blattoberkante leicht zum Boot hin in Richtung Boot zeigend, so dreht es vom Paddel weg.

Das Heckruder wird dazu eingesetzt, ein Kajak unter Fahrt auf Kurs zu halten und möglichst wenig Schwung zu verlieren. Beim Surfen auf Wellen wird das Heckruder eingesetzt, um sich gerade auf der Welle zu halten. In diesem Fall ist aber nur das Drücken des Paddels vom Boot weg effektiv. Wollen Sie das Boot in die andere Richtung bringen, müssen Sie die Paddelseite wechseln.

Heckruder auf der Welle

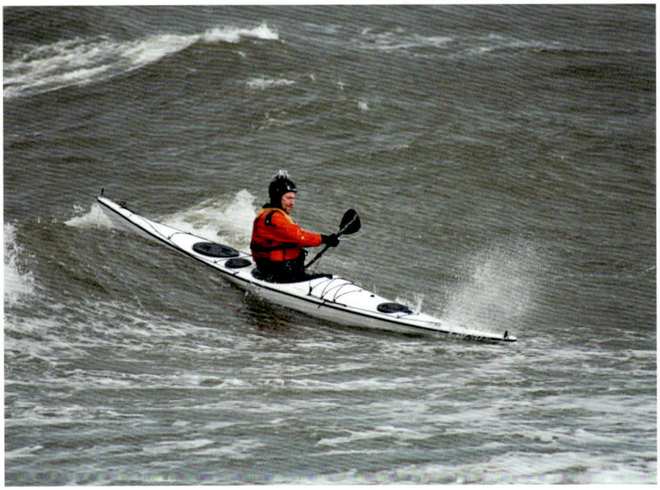

Der **Ziehschlag** soll das Boot seitlich versetzen. Stechen Sie das Paddel im 90-Grad-Winkel in einiger Entfernung zum Boot ins Wasser und ziehen Sie das parallel zur Bordwand stehende Paddelblatt zu sich hin. Am Boot drehen Sie das Blatt um 90 Grad so, dass Sie es widerstandslos aus dem Wasser ziehen können. Das Boot bewegt sich seitlich in Richtung Paddelseite.

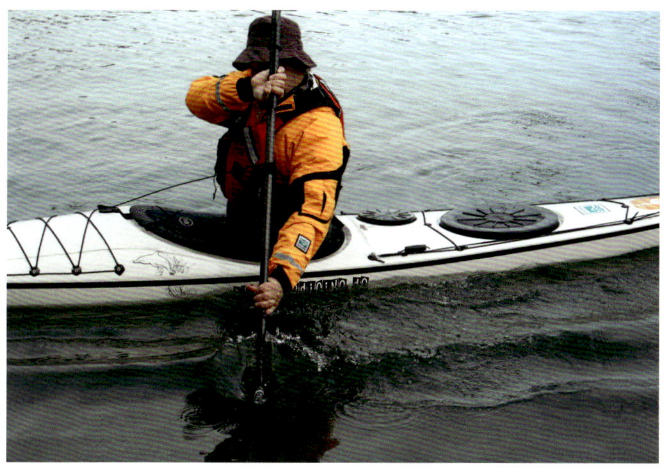

Ziehschlag

Beim **stationären Ziehschlag** halten Sie das Paddel unter Fahrt parallel zu sich ins Wasser. Solange das Boot Fahrt hat, wird es auch hier seitlich in Richtung Paddel versetzen. Mittels **Wriggen** haben Sie eine weitere Möglichkeit, Ihr Boot seitlich zu versetzt. Dafür ziehen Sie Ihr Paddel in der Bahn von achtern seitlich von Ihnen durch das Wasser, ohne es aus dem Wasser zu nehmen. Wenn Sie das Blatt flach an der Wasseroberfläche laufen lassen, können Sie sich nun sogar auf das Paddel stützen.

Damit wären wir auch gleich bei den **Stützschlägen**. Die **flache Stütze** dient zum reflexartigen Abstützen, wenn man unvermittelt das Gleichgewicht verliert, oder auch als Stütze beim Wellensurfen oder beim Warten in Wellen, beim sicheren Rückwärtsschauen oder als Einleitung von Wendemanövern.

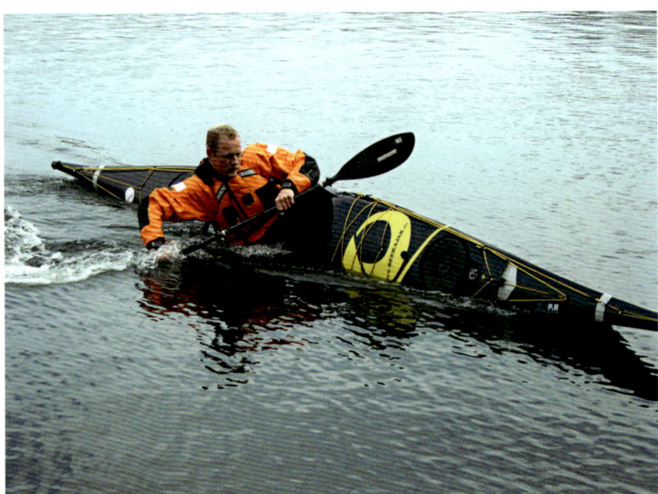

Flache Stütze in Fahrt

Um die flache Stütze zu üben, gehen sie mit dem Paddel in eine Art Liegestützposition und kippen sich mit dem Boot zur Seite, bis Sie aus dem Gleichgewicht kommen. Um nicht umzukippen, schlagen Sie mit der Paddelrückseite auf das Wasser und drücken sich mittels dieses Impulses wieder nach oben.

Die **hohe Stütze** ist definitiv die effektivste Art des Stützens. Ein guter Paddler kann damit sogar ein Boot, das schon fast im Wasser liegt, noch stabilisieren. Sie ist ähnlich der Endphase der Eskimorolle. Bei der hohen Stütze wird die Druckseite des Paddels verwendet.

Zum Üben lassen Sie das Boot mit viel Schwung kippen, halten das Paddel wie eine Reckstange, hauen im letzen Moment mit der Druckseite des Paddels ins Wasser, ziehen Ihr der Paddelseite entgegengesetztes Knie ruckartig an und neigen gleichzeitig den Kopf nach unten. Benutzen Sie einen Hüftschwung, um sich wieder aufzurichten. Die hohe Stütze dient vornehmlich zum Balancehalten in großen Wellen, wo sehr viel Druck auf dem Blatt liegt. Achten Sie daher unbedingt darauf, dass Sie Ihre Ellenbogen während der Bewegung unterhalb Ihrer Schultern halten, da sich sonst die Gefahr einer Schulterverletzung stark erhöht.

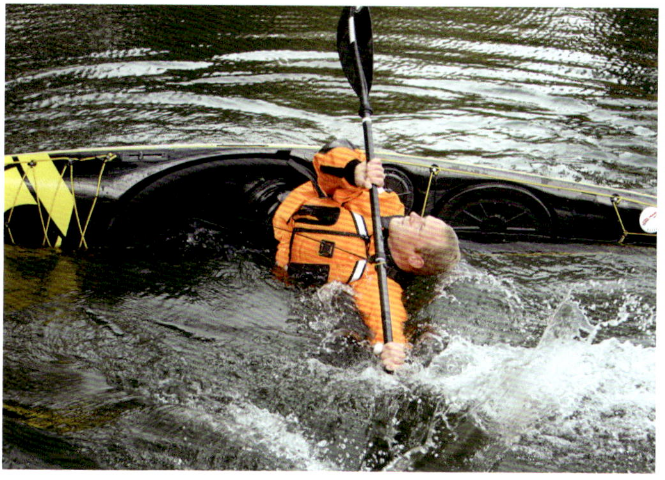

Hohe Stütze – Übung

Um zu verdeutlichen, wie Paddeltechniken ineinander übergehen, nun folgendes realistisches Szenario: Der Paddler möchte auf einer Welle surfen, nimmt mit ein paar Vorwärtsschlägen Fahrt auf und setzt am Ende des letzten Vorwärtsschlages ein Heckruder, um sich gerade auf der Welle zu halten. Das Boot bricht aus und wird seitlich zur Welle gedrückt. Das Paddel bewegt sich nun automatisch von der Heckruder- in die hohe Stützposition. Während der Paddler mit der Welle seitwärts mitgenommen wird, hält sich dieser mittels Wriggen und Ankanten in Richtung Welle in der hohen Stützposition über Wasser.

Als die Welle an Kraft verliert, geht er automatisch in den Rückwärtsbogenschlag über, um sich für die nächste Welle auszurichten. **Während der ganzen Zeit bleibt das Paddel im Kontakt mit dem Wasser**. Lediglich die Körper- und Armpositionen haben sich ständig leicht verändert.

Hohe Stütze - Welle

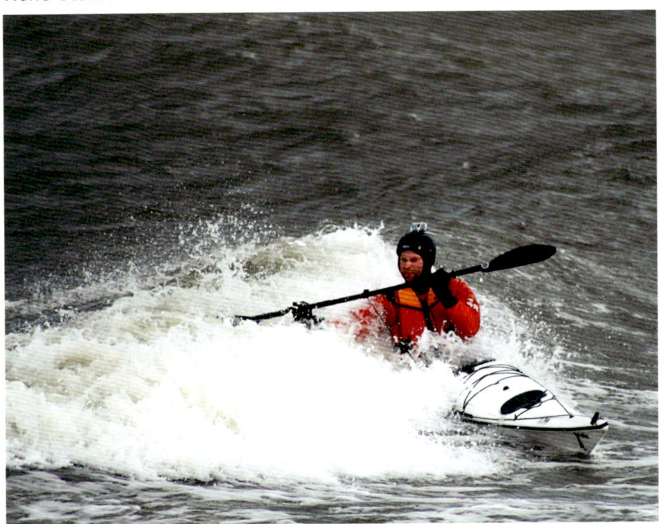

Sicherungs- und Rettungsmethoden

Das Päckchen

Das Bilden eines Floßes ist eine grundlegende Sicherheitstechnik. Das Floß wird durch das **Nebeneinanderlegen der Kajaks** gebildet. Dabei können die Kajaks Bug-zu-Bug aber auch Bug-zu-Cockpit liegen. Das Floß bildet die beste Möglichkeit, Bootsreparaturen durchzuführen, Verletzte zu versorgen oder um eine kurze Rast einzulegen, um sich zu strecken, zu essen oder andere Kleinigkeiten zu erledigen.

Je schwerer der Seegang wird, desto unsicherer wird ein Floß. Zwei Kajaks lassen sich noch recht gut halten. In der Brandung wird es aber sogar gefährlich, mehrere Kajaks so dicht beieinander zu haben.

Rettungstechniken

Erste Wahl ist immer ein Vermeiden jener Bedingungen, in denen man überfordert wird. Das ist natürlich ein schlauer Spruch und hilft in Notsituationen wenig. Nach einer Kenterung ist es sehr wichtig, die Zeit im Wasser zu minimieren, weil die Wahrscheinlichkeit einer Unterkühlung schnell zunimmt je länger man im Wasser ausharrt. Schutzkleidung wie Trockenanzüge zögern die Reaktionszeit wesentlich hinaus, machen aber nicht „unverwundbar“.

Selbstrettung

Die wichtigste Selbstrettungsmethode ist eine sichere **Eskimorolle**. Der große Vorteil dieser Technik liegt darin, dass man sofort nach einer Kenterung ohne fremde Hilfe reagieren kann. Es kommt kein Wasser ins Boot. Der Paddler ist sofort wieder voll einsatzfähig. Wenn Sie die Selbstrettungstechniken üben wollen, sollten Sie sich mit dem nassen Ausstieg unter Wasser und dem Öffnen der Spritzdecke vertraut sein.

 Üben Sie anfangs nie allein.

Eine „bombensichere“ beidseitige Eskimorolle ist das Ziel. Es gibt etwa 35 verschiedene Möglichkeiten des Rollens. Hier soll jedoch nur die Grundform der Eskimorolle beschrieben werden.

Beim Üben der **Eskimorolle** hält der Paddler das Paddel parallel zum Boot in Ausgangsstellung. Er lässt sich ins Wasser kippen. Anschließend führt er das Paddel mit dem Blatt an der Wasseroberfläche in 90-Grad-Stellung zum Boot. Druck auf das Paddel kombiniert mit einem schnellen Hüftschnappen richten das Boot auf. Der Körperschwerpunkt wird dabei möglichst nahe an die Längsachse des Kajaks verlagert. Der Kopf kommt zuletzt aus dem Wasser.

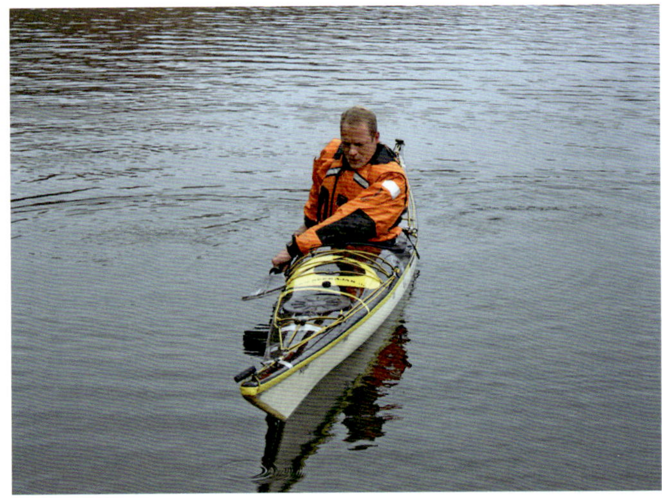

Die Eskimorolle

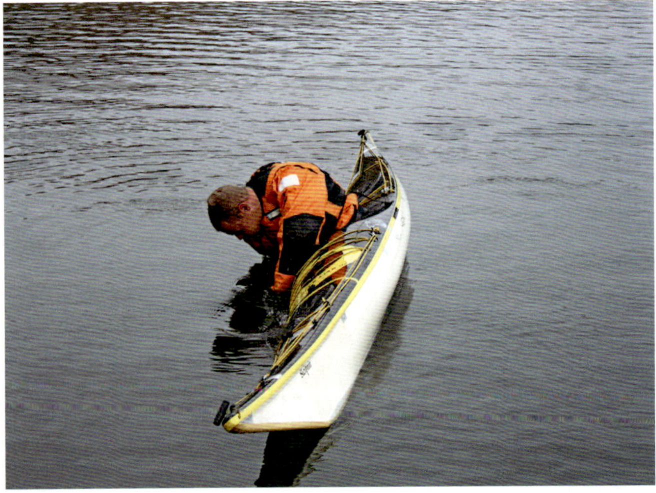

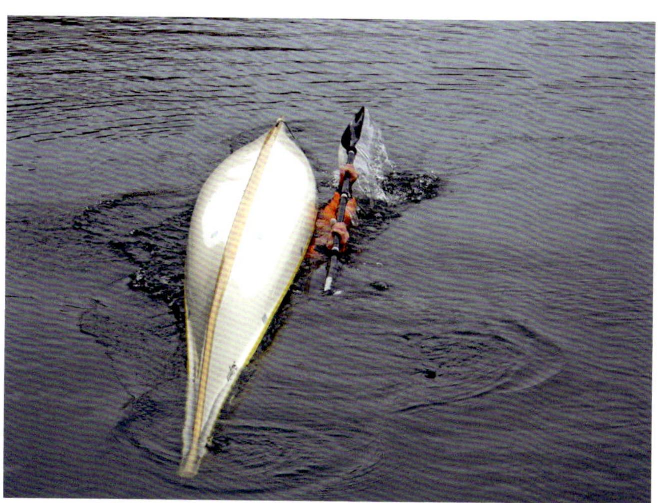

Die Eskimorolle

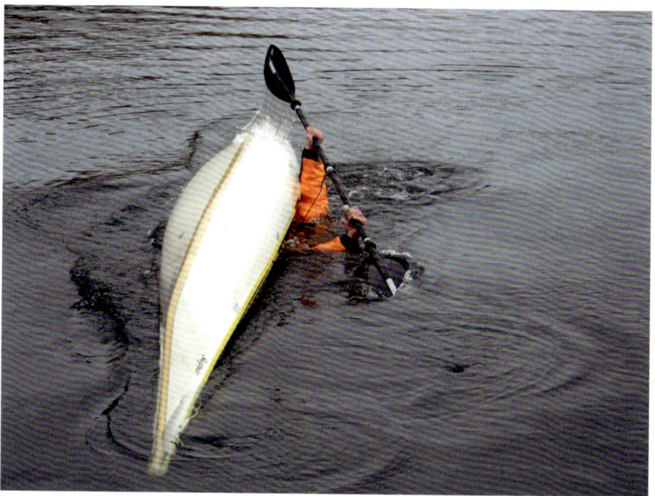

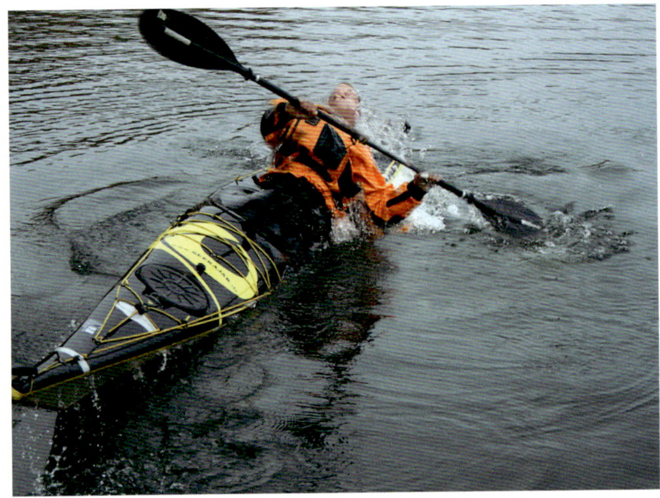

Die Eskimorolle

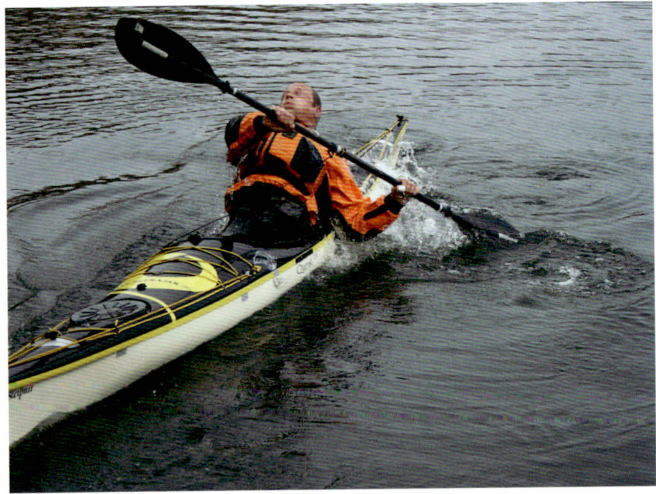

Wiedereinstieg und Eskimorolle (Reentry and Roll)

Klappt die Rolle nicht, weil sich Ihr Paddel in der Decksleine verheddert hat, eine Feuerqualle im Gesicht hängt oder es von der Gewalt der Welle gleich fortgetragen worden ist und Sie nun neben Ihrem Boot schwimmen, haben Sie (eventuell mit dem Ersatzpaddel) noch eine zweite Chance. Sie steigen „einfach" wieder in Ihr voll gelaufenes Boot ein.

Dazu halten Sie zunächst den Süllrand des seitlich im Wasser liegenden Bootes mit beiden Händen fest im Griff. Die Fingerspitzen zeigen zum Bug. Auf der Oberseite des Süllrandes halten Sie gleichzeitig mit einer Hand das schon für die Eskimorolle parallel zum Boot positionierte Paddel fest.

Nun rutschen Sie mit beiden Beinen seitlich ins Boot und verkeilen sich mit allem, was Sie zur Verfügung haben (Knien, Schenkeln, Füßen, Hintern). Eine Schwimmweste hilft in dieser Phase, sich so lange wie möglich über Wasser zu halten. Haben Sie die Beine gut im Boot verkeilt, nehmen Sie beide Hände ans Paddel und führen die

Reentry and Roll

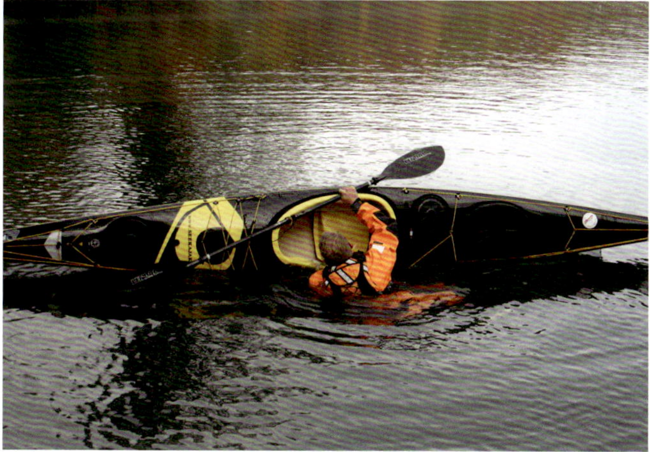

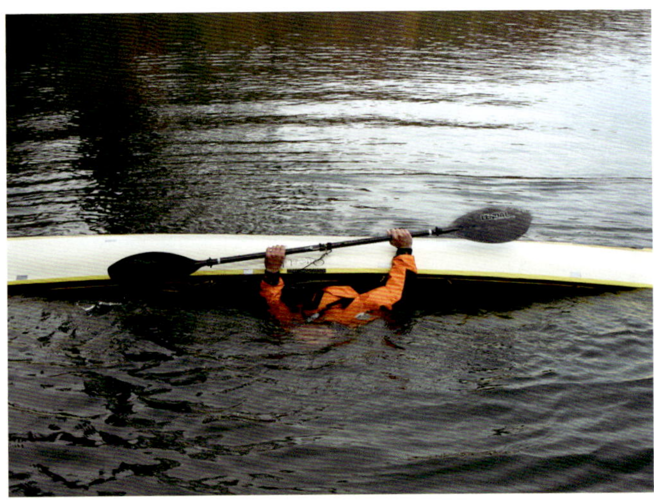

Reentry and Roll

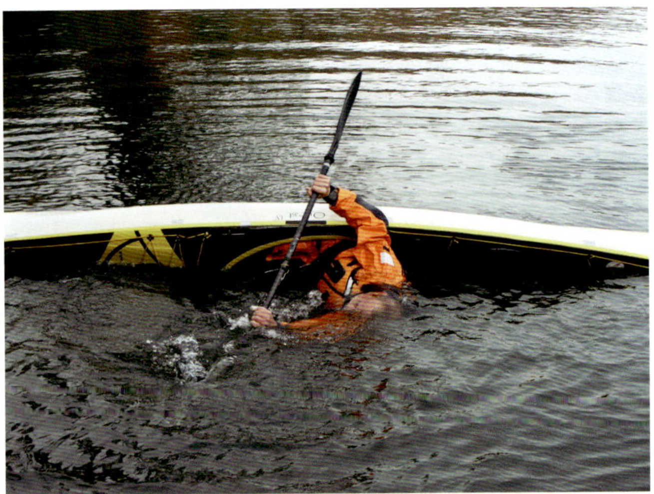

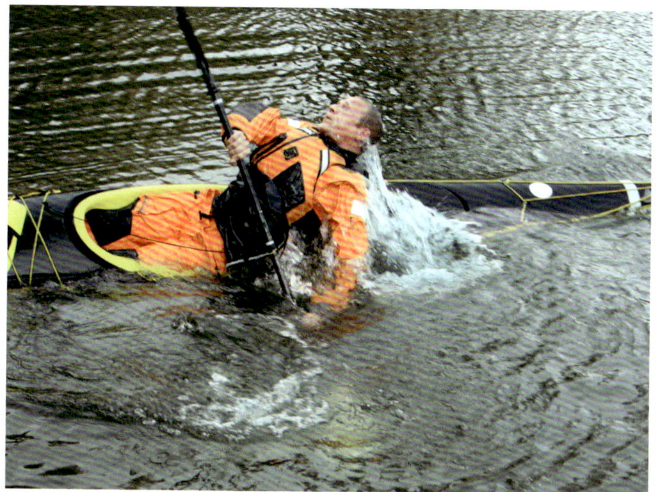

Reentry and Roll

gewohnte Rollbewegung aus. In der Endphase werden Sie kurz ins Wasser tauchen, aber einen Moment später schon wieder ordentlich im Kajak sitzen. Nun müssen Sie noch die Spritzdecke schließen und gleichzeitig die Situation auf dem Wasser im Auge behalten. Eventuell ist es erst nötig, einen Brecher auszustützen, ehe Sie die Gelegenheit bekommen, die Decke zu schließen und das Boot mittels Fuß- oder Handpumpe auszulenzen. Bei rauen Seebedingungen wird das Boot aufgrund des voll gelaufenen Cockpits nun ungewohnt kippelig sein. Es ist sehr hilfreich, wenn man in dieser Phase durch ein zweites Kajak unterstützt wird.

Partnerrettung

T-Lenzmethode

Bei dieser Methode wird das gekenterte Boot vom Retter mit der Spitze über seine Spritzdecke gezogen, damit das Wasser aus der umgedrehten Luke fließen kann. Der Gekenterte kann das unterstützen, indem er den hinteren Teil des zu rettenden Bootes nach unten drückt. Alternativ

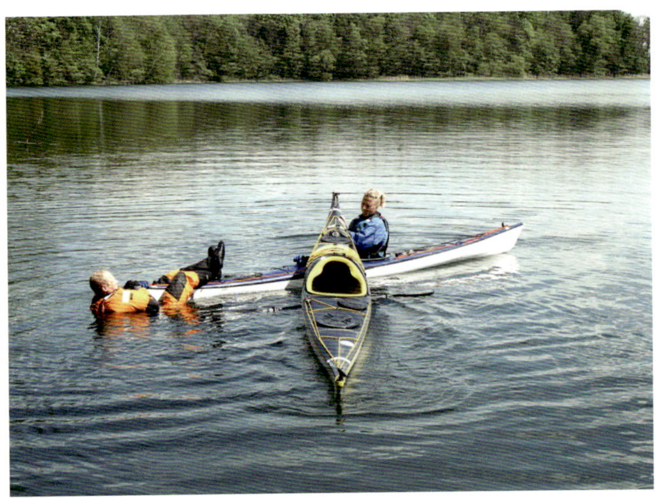

T-Lenzmethode

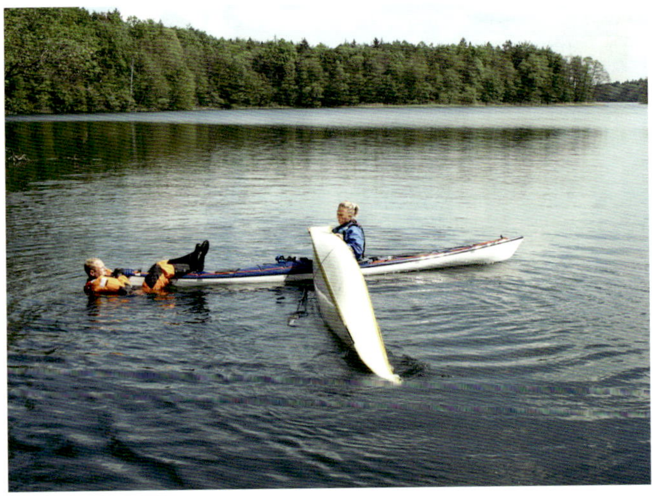

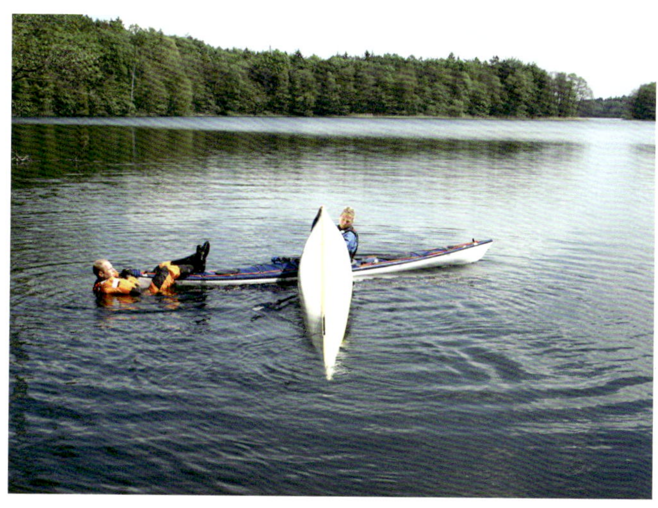

T-Lenzmethode

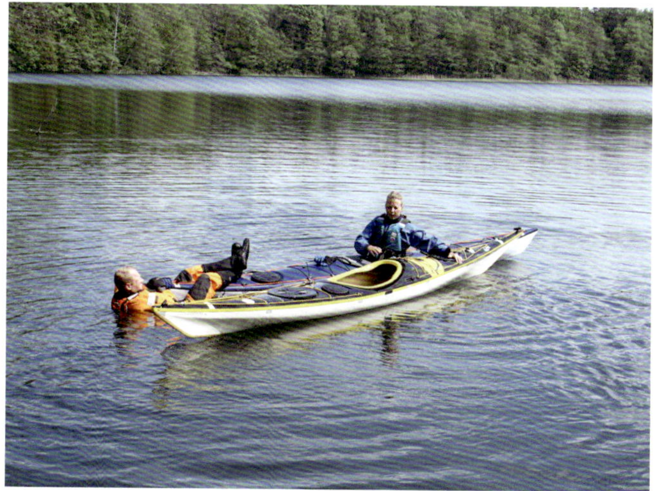

kann er sich an der Spitze des Retterbootes ausruhen. Die Paddel sind währenddessen entweder an Leinen gesichert oder werden von den Beteiligten gehalten (☞ nächste Seite).

✋ Beachten Sie bitte, dass das Heben eines voll Wasser gelaufenen Bootes schnell zu Rückenverletzungen führen kann. Halten Sie daher vor dem Anheben die Wassermenge so gering wie möglich.

Wiedereinstieg

Sie können in ein gelenztes oder auch noch voll gelaufenes Kajak mit Partnerhilfe wieder einsteigen. Dazu muss der Retter mit dem Kenterboot ein festes Floss bilden.

Beim **V-Wiedereinstieg** hangeln Sie sich zwischen beiden Booten (der Retter stabilisiert beide Boote, indem er sich gleichzeitig am Süllrand des zu rettenden Bootes festhält und sein Boot in diese Richtung neigt) mit den Beinen voran und dem Blick in den Himmel ins Cockpit.

Beim **Paralleleinstieg** ziehen Sie sich an den Rundumleinen auf die Boote hoch, um anschließend rückwärts mit dem Körper in das Cockpit zu rutschen.

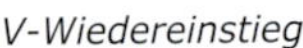

V-Wiedereinstieg

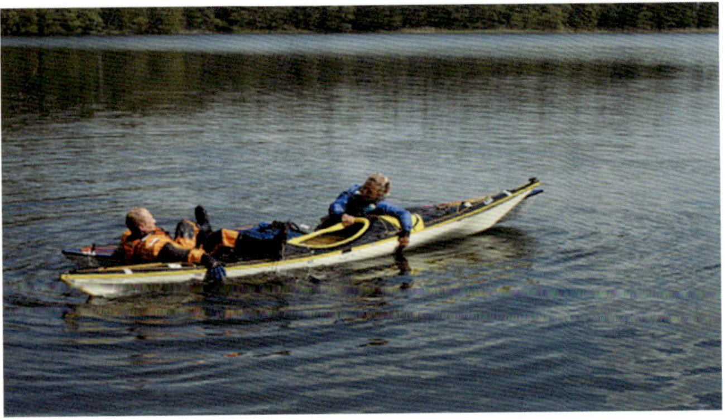

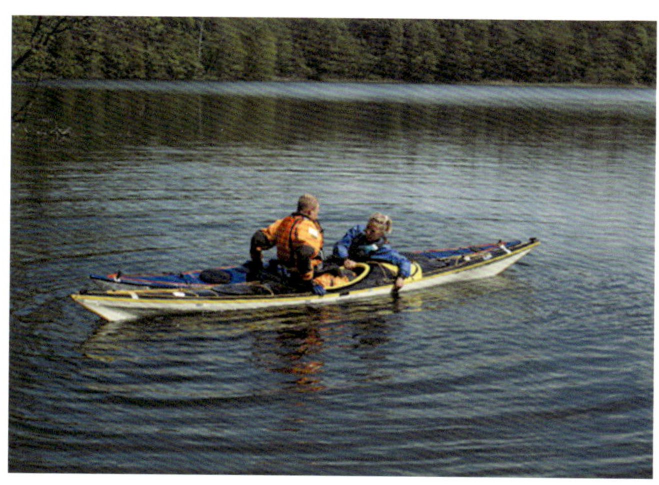

V-Wiedereinstieg

Paralleleinstieg (☞)

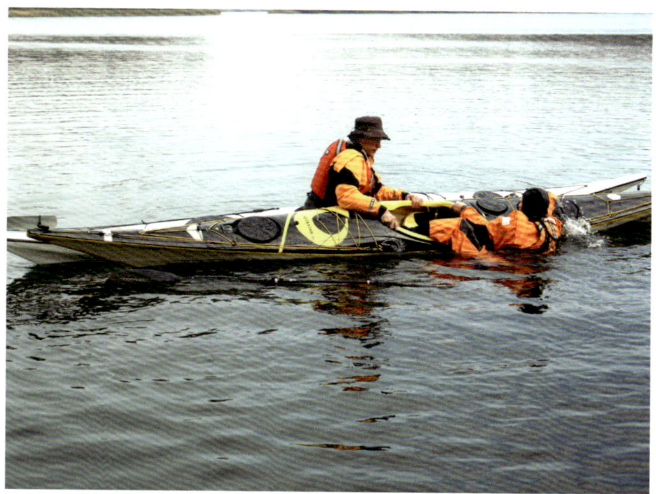

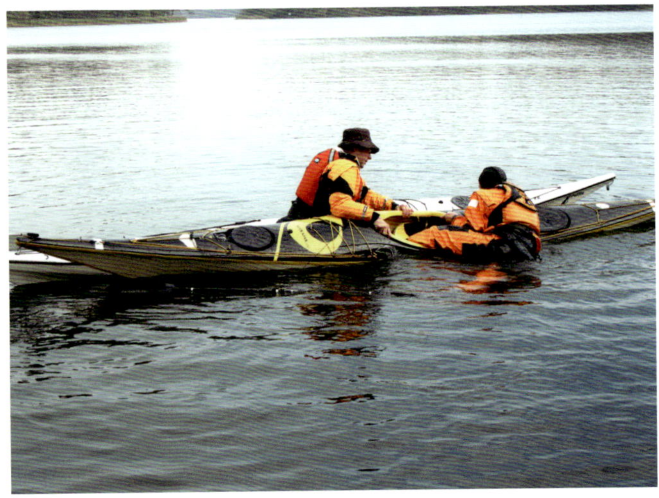

Paralleleinstieg

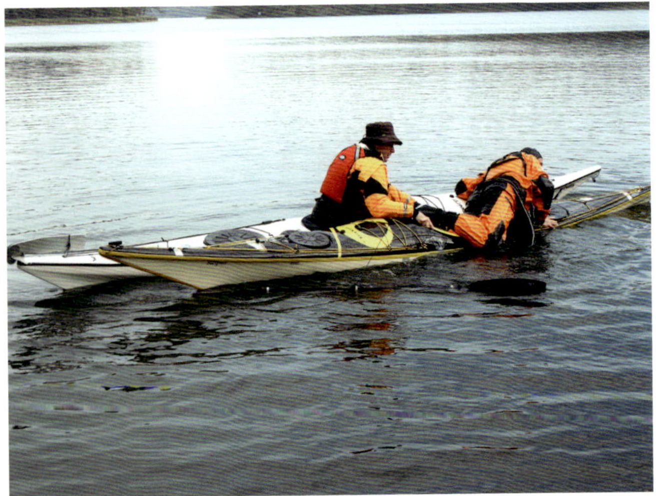

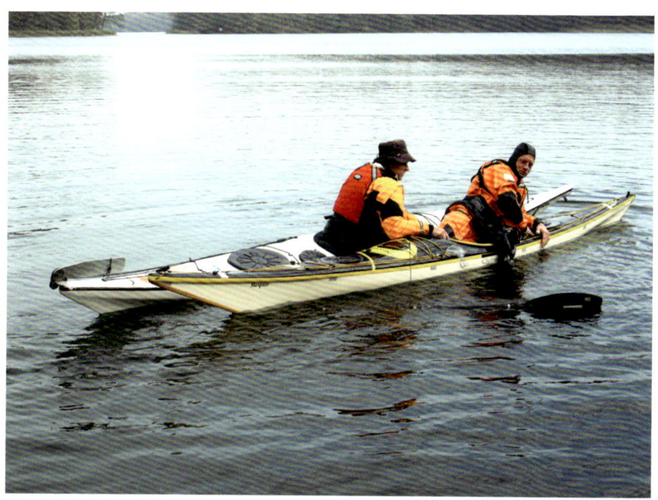

Paralleleinstieg

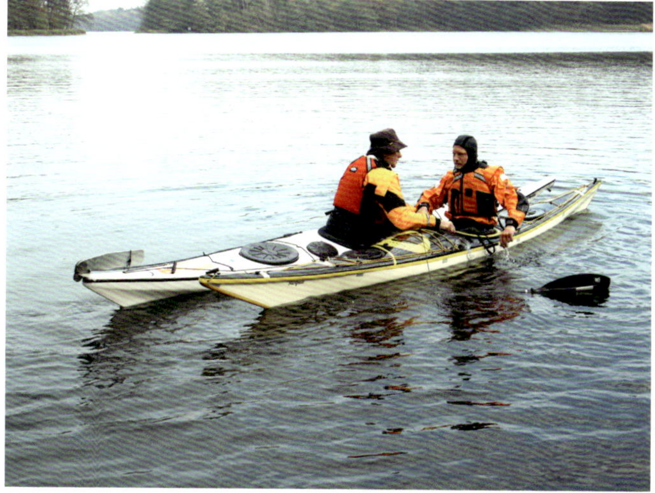

Vorsicht bei Wellengang, zwischen zwei Booten kann man sich leicht verletzen.

Sind eventuell beide (oder mehrere) Kajaks gekentert, kann der Wiedereinstieg in ähnlicher Weise erfolgen, nur dass zu Beginn ein Gekenterter aus dem Wasser heraus die Boote stabilisiert.

Die **Schöpfmethode** eignet sich besonders für stark erschöpfte Opfer einer Kenterung. Dabei rutscht der Gekenterte in das seitlich gehaltene Boot und wird vom Retter aufgerichtet. Der Retter kann helfen, die Beine und den Körper des Kenterbruders in das Boot hineinzubekommen. Der Gekenterte sollte beim Aufdrehen mit dem Rücken auf dem Boot bleiben.

☺ Im Anschluss an alle Wiedereinstiegsmethoden erfolgen natürlich ein Schließen der Spritzdecke und ein Auspumpen des Bootes.

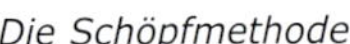

Die Schöpfmethode

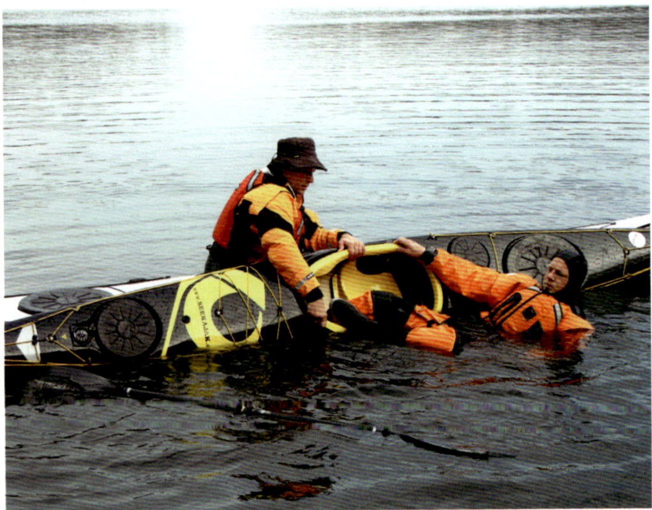

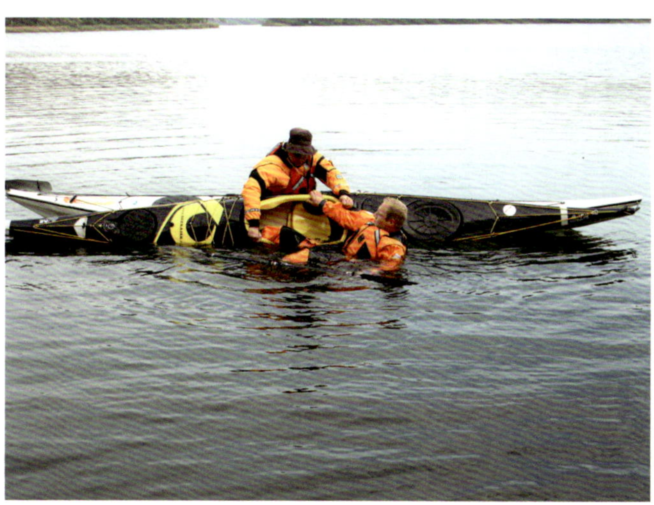

Die Schöpfmethode

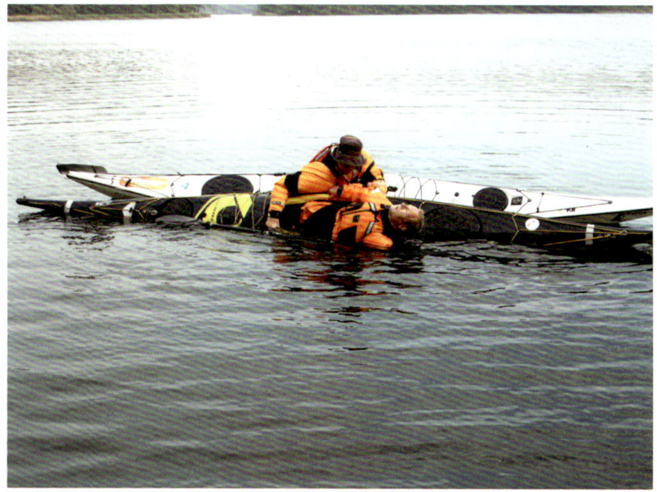

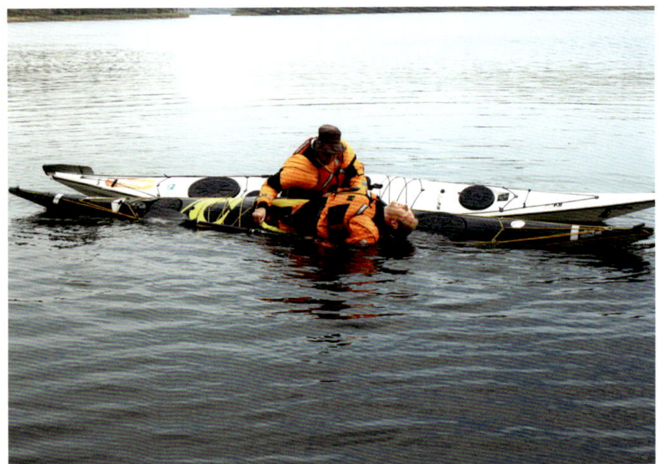

Die Schöpfmethode

Seiteneinstieg

Mit Schwung schwingt der Paddler zuerst den Körper und dann sein Bein über das Boot. Er robbt mit einer Bewegung vor ins Cockpit und schiebt Körper und Beine in die Luke. Die Spritzdecke verklemmt sich bei dieser Methode gern, daher sollte sie vorher in den Mund genommen werden. Unter welligen Bedingungen ist es bei dieser Methode schwer, das Gleichgewicht zu halten. Das Paddel kann beim Einsteigen alternativ auch zur Stabilisierung verwendet werden (☞ nächste Seite).

Eskimorettung

Bei der Eskimorettung zieht sich der Gekenterte and der Bootsspitze des Retters nach oben. Für diese Technik ist eine akkurate Koordination notwendig. Da es in der Praxis oft ein Weilchen dauert, bis der Retter sich mit dem Kajak richtig positionieren kann, ist diese Methode gut zum Üben. Auf Grund der begrenzten Luft des zu Rettenden ist die Eskimorettung auf dem Meer meist schwierig zu realisieren. Eventuell kann man einen Wiedereinstieg mit einer Eskimorettung kombinieren (☞ nächste Seite).

Seiteneinstieg

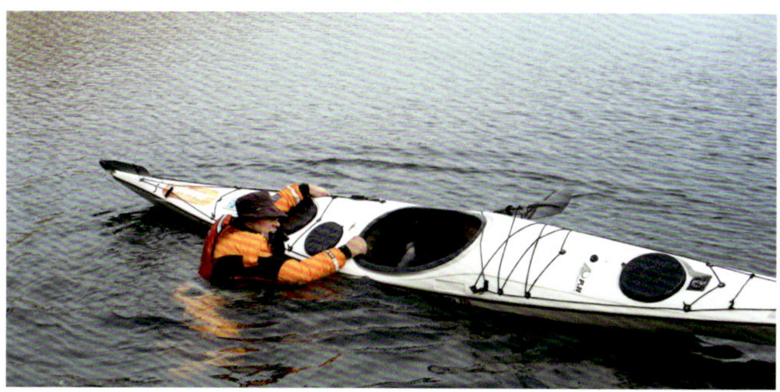

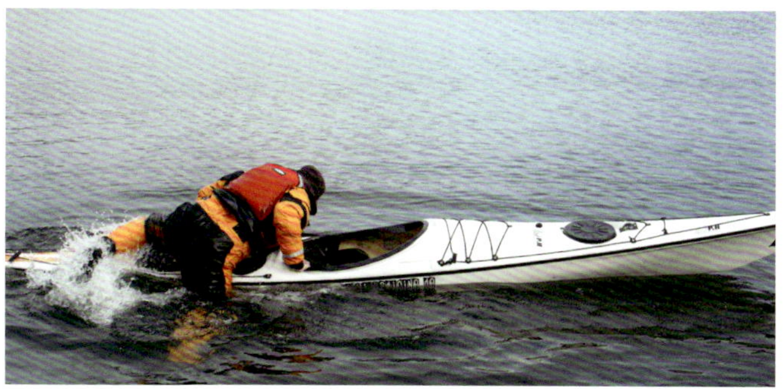

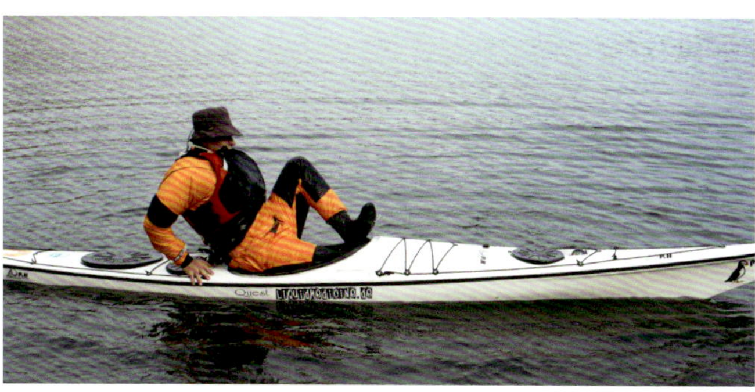

Eskimorettung

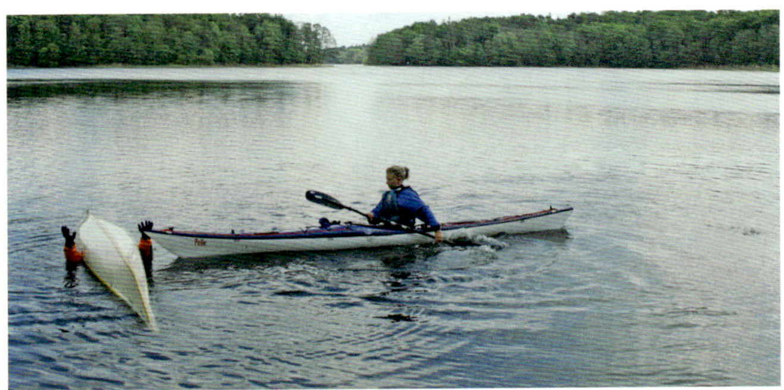

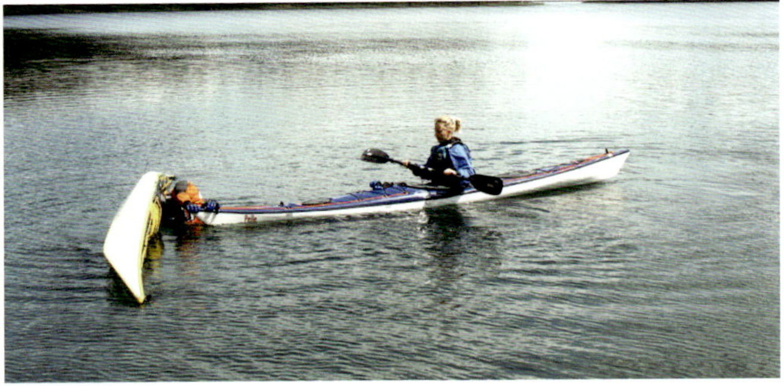

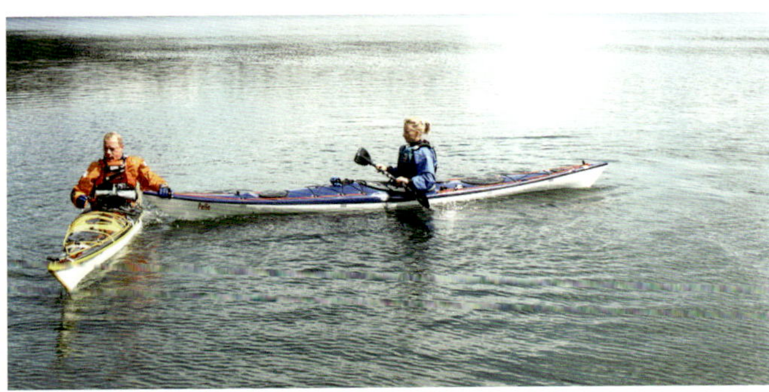

Wiederaufrichten eines Ohnmächtigen
Sollte ein Paddler ohnmächtig werden und mit dem Kopf nach unten im Kajak hängen, so kann ein Helfer parallel zum Boot des Ohnmächtigen fahren, tief über das Deck hinweg nach unten die Person greifen und dann im Bogen nach oben wuchten.

Paddelfloat
Über ein aufblasbares Kissen (Paddelfloat), das Sie um das Paddelblatt legen, können Sie sich eine Art Ausleger schaffen. Mit dieser Hilfe können Sie seitlich wieder ins Boot kommen. Eine schwierige, anstrengende Methode, die bei aufgewühltem Meer wenig Erfolg verspricht. Darüber hinaus kann das Float auch als zusätzliche Stabilisierung beim Wiedereinsteig mit Rolle und beim Seiteneinstieg verwendet werden.

Abschleppen
Das Schleppen eines anderen kann durch verschiedenste Umstände wie Entkräftung, Verletzung usw. notwendig werden.

▷ Das Abschleppseil sollte so konstruiert sein, dass es vom Schleppenden und vom Geschleppten **jederzeit schnell gelöst werden** kann. Es empfiehlt sich, dass ein Puffer, ein flexibles Teilstück, die ruckartigen Bewegungen abschwächt.

☞ **Alle Rettungstechniken bedürfen der ständigen Übung!!!**

Das Schleppseil kann in Form eines Hüftgurtes am Paddler bereitgehalten oder (wenn vorhanden) mittels einer Klemme und einer Zugaufnahme auch am Boot befestigt werden. Die Länge des Abschleppseils richtet sich nach dem Seegang und anderen Umweltfaktoren.

Bei Seegang sollte die Leine immer so lang sein, dass das geschleppte Kajak nicht auf der nächsten Welle dahinter ins Surfen geraten kann und den Schlepper trifft.

Für das Abschleppen gibt es verschiedene Kombinationsmöglichkeiten. Ich gehe erst einmal von **zwei Paddlern** aus:

▷ Wenn der Geschleppte noch in der Lage ist, sicher in seinem Boot zu sitzen, so zieht man ihn an einer langen Leine hinter sich her.

Die Leine sollte beim Geschleppten möglichst **über die Bugspitze** laufen, damit das Kajak nicht zu weit aus der Kurslinie herausläuft – beim Beschleunigen wird die Spitze dann immer wieder in die Kurslinie gezogen. Der Geschleppte sollte dies immer so unterstützen, dass sein Kajak möglichst im Kielwasser des Vordermanns läuft.

▷ Ist der Geschleppte nicht mehr in der Lage, sicher im Boot zu sitzen, so muss die **Spitze seines Bootes auf Höhe des eigenen Cockpits befestigt** werden. Zwar paddelt es sich schwieriger, aber nur so kann der Geschleppte stabilisiert werden.

Wenn man mit **drei oder mehr Paddlern** unterwegs ist, so bestehen mehrere Möglichkeiten:

▷ Kann der Geschleppte sicher sitzen, so zieht man ihn als **Tandem**, wobei alle drei hintereinander liegen.

Bei Wellengang kann der Geschleppte auch im V-Schlepp mit zwei Paddlern gezogen werden. So bleibt in der Mitte für den Geschleppten Platz zum Manövrieren. Generell ist eine Koordination im V-Schlepp schwieriger.

▷ Muss der Geschleppte gestützt werden, so legt ein weiteres Kajak neben ihm an und bildet ein **kleines Floß**. So kann der Geschleppte versorgt werden.

Die Boote, die schleppen, können sich als Tandem vor das Floß legen und schleppen, sie können aber auch nebeneinander fahren.

Je mehr Paddler dabei sind, umso zahlreicher werden die Schleppmöglichkeiten. Beim Schleppen sollte man aber immer daran denken, dass man möglichst jemand als **Reserve zum Auswechseln** hat, falls die anderen ermüden.

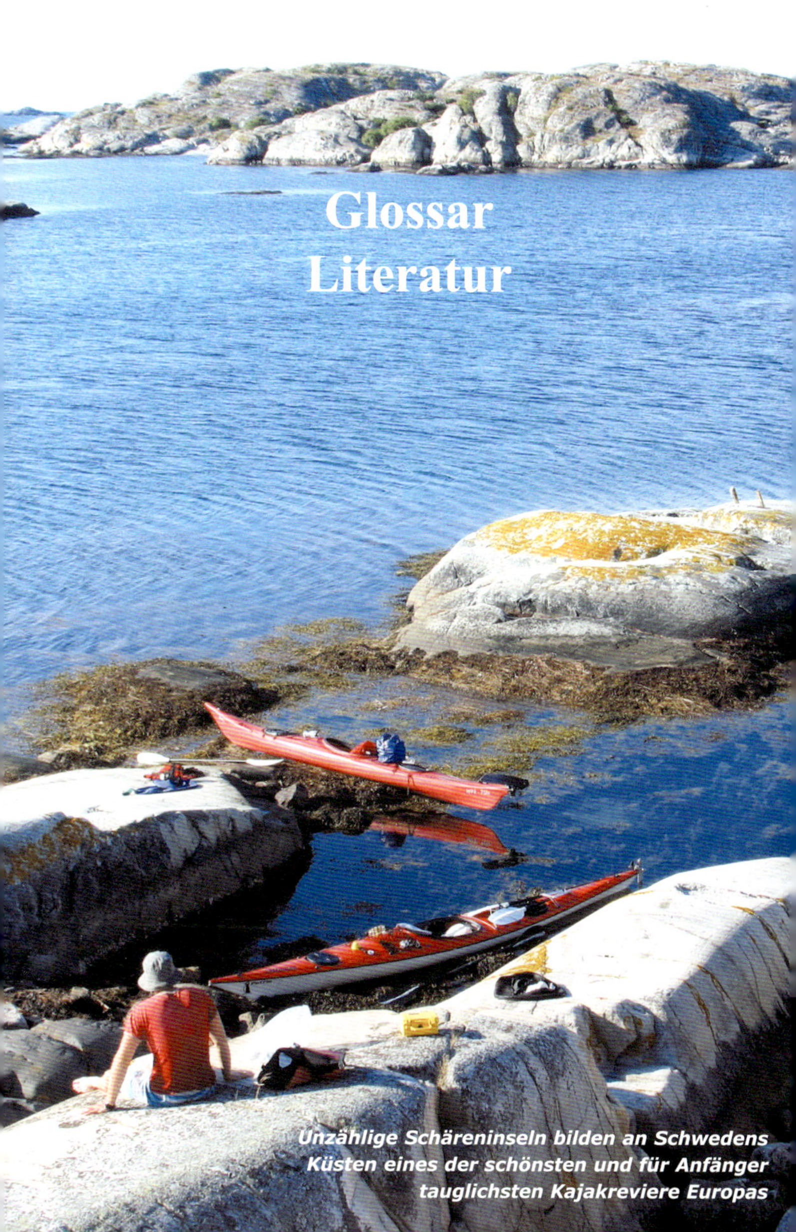
Glossar
Literatur
Unzählige Schäreninseln bilden an Schwedens
Küsten eines der schönsten und für Anfänger
tauglichsten Kajakreviere Europas

achtern Seemänn. für „hinten“

Anhalt Markantes Objekt, auf das man zusteuert, um den gewünschten Kurs zu halten.

Ankanten Das Boot durch bewusstes Ankippen aus der normalen Lage bringen.

Dünung Seegang, der einem Wind voraus- oder nachläuft. Der Seegang ist also ein Ergebnis eines Windes, der an einem anderen Ort weht.

Gieren Nichteinhalten des Kurses aufgrund des Seegangs.

Kartennull Bezugspunkt für die Wassertiefen, die in den Seekarten angegeben werden. 3 m Wassertiefe bedeuten z. B., dass das Kartennull 3 m über dem Meeresgrund liegt. Wird vom zuständigen Hydrografischen Institut festgelegt. In Deutschland ist das KN der Ostsee gleich dem mittleren Wasserstand, das KN der Nordsee gleich dem mittleren Spring-Niedrigwasser. Das KN stellt sicher, dass die Wassertiefe auf eine vergleichbare Weise ermittelt werden kann.

Kartentiefe Die auf der Karte eingezeichnete Tiefe

Kehlung Konkave Wölbung im Paddel (vgl. Löffel)

Kiel Unterkante des Schiffes

Kielsprung Abweichung des vorderen und hinteren Kiels von der Kielgeraden (der Kiel des Schiffes verläuft selten gerade) = Höhendifferenz zwischen Kiellinie und Wasserlinie.

Knoten	Seemeilen pro Stunde. Maß für die Geschwindigkeit in der Seefahrt. 1 kn = 1 sm/Std.
Koppeln	Vorausberechnen der Fahrtlinie auf der Grundlage einer geschätzten Geschwindigkeit und eines durchschnittlichen Kurses.
Kreuzsee	Ergebnis des Aufeinandertreffens von Dünung und Windsee.
Kurs	Fahrtlinie, die man mit dem Boot fährt.
Kurs durchs Wasser	Auf dem Wasser dem Kompass gemäß zurückgelegter Kurs.
Kurs über Grund	Strecke auf der Karte, die man wirklich gefahren ist.
Kurszahl	Entspricht der Gradzahl des Kurses, liegt also zwischen 0 und 360 Grad.
Lenzen	Das mit Wasser voll gelaufene Boot wieder entleeren.
Normalnull	Festgelegter Bezugspunkt für Höhen in der Geodäsie
Paddelfloat	Aufblasbarer Kunststoffbeutel, der durch eine Art Tasche auf das Paddel aufgesteckt wird. Damit kann das Paddel als Ausleger benutzt werden.
Paddelstütze	Bei der Paddelstütze gewinnt man die Stützkraft durch den Auftrieb, den das Paddel hat.
Peilung	Linie mit Richtungsangabe (in Form einer Gradangabe auf dem Kompass), in der man ein bestimmtes Objekt vom eigenen Standort aus sieht.

Peilungszahl Entspricht der Gradzahl, in der man ein Objekt peilt; sie liegt also zwischen 0 und 360 Grad.

Schott Trennwand, die ein Boot in verschiedene Sektionen aufteilt.

Seemeile 1,852 km. Entfernungsmaß in der Seefahrt, das nicht auf dem metrischen System beruht, sondern einer Bogenminute am Äquator entspricht (Abk. sm).

Spant Querschnitt der Rumpfform des Kajaks

Spitzenbeutel Aufblasbarer Kunststoffbeutel, der in die Spitzen des Kajaks gesteckt wird. Damit gibt er dem Kajak zusätzlichen Auftrieb und verhindert auf diese Weise, dass das Kajak bei einer Kenterung absinkt.

Spritzdecke Lukenabdeckung. Man hat die Spritzdecke wie ein Kleid an und verschließt mit ihr im Sitzen das Cockpit, damit kein Wasser eindringen kann.

Stampfen Auf- und Niederbewegung des Schiffes aufgrund des Seegangs

Strom Bewegung großer Wassermassen mit einer bestimmten Geschwindigkeit in eine Richtung. Die hier relevanten Strömungen werden durch Wind und Gezeiten hervorgerufen und haben keine konstante Richtung und Stärke.

Tidenfall Höhendifferenz aus dem Hochwasser und dem nachfolgenden Niedrigwasser

Tidenhub Höhendifferenz aus dem Niedrigwasser und dem nachfolgenden Hochwasser

Tidenstieg	Den Tidenstieg erhält man, wenn man die Summe aus Tidenhub und Tidenfall durch 2 teilt, also das arithmetische Mittel aus Tidenhub und Tidenfall ermittelt.
Unterschneiden	Das Paddelblatt läuft so durch das Wasser, dass kein Auftrieb auf das Paddelblatt wirkt, sondern das Paddel ins Wasser zieht.
Unterwasserschiff	Teil des Bootsrumpfes, der sich bei normaler Lage des Bootes unter der Wasserlinie befindet.
Versatz	Strecke, die man aufgrund verschiedener Einflüsse vom geplanten Kurs abweicht.
Vorhalt	Bewusst gewählte Abweichung vom Kurs, die bestimmte Einflüsse von Faktoren wie Wind, Wellen und Strömung ausgleicht.
Windsee	Der vom Wind aufgebaute Seegang.
Wriggen	Bewegen des Paddelblattes in Form einer Acht. Dadurch versetzt das Kajak seitlich, und man kann sich gleichzeitig auf das Paddel stützen.

Literatur

- Bundesamt für Seeschifffahrt und Hydrografie: *Sicherheit im See- und Küstenbereich.* Sorgfaltsregeln für Wassersportler. Bundesamt für Seeschifffahrt und Hydrografie
- Foster, Nigel: *Seekajak.* Ausrüstung. Fahrtechnik. Sicherheit. Pollner-Verlag, 1996
- Hodgson, M. & Schrader, M.: *Wetter.* Basiswissen für draußen Band 13, Conrad Stein Verlag, ISBN 978-3-86686-013-1, € 8,90
- Hutchinson, Derek: *Expedition Kayaking.* Falcon, 07, ISBN 978-0-76274-282-0

- Dastig, Manuela & Großelohmann, Dieter: *Knoten*. Basiswissen für draußen Band 3, Conrad Stein Verlag, ISBN 978-3-86686-377-4, € 7,90
- Kummer, Reinhard: *Karte, Kompass, GPS*. Basiswissen für draußen Bd. 4, Conrad Stein Verlag, ISBN 978-3-86686-478-8, € 8,90
- Plaschke, F.-Peter: *Tafeln für die Küstennavigation*. Kompass-Karte-Kurs; Distanz und Geschwindigkeit; Peilen, Gezeiten, Strom und Wind

Verschiedene weitere Publikationen über Meteorologie können auch vom Seewetteramt bezogen werden:

i Deutscher Wetterdienst. Seewetteramt. Postfach 301190. 20304 Hamburg

Index

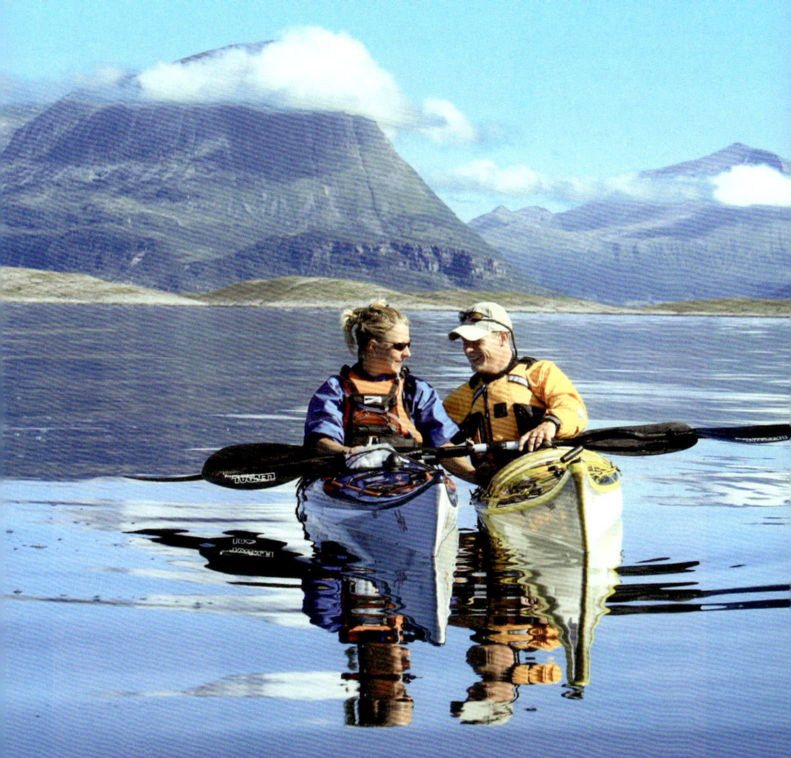

Manchmal passt einfach alles: das Meer, das Wetter, die Landschaft und am wichtigsten die Begleitung auf dem Wasser